PENGUIN
COMPANHIA DAS LETRAS

O Estado como obra de arte

JACOB BURCKHARDT nasceu na Suíça em 1818. Foi historiador e filósofo. Lecionou história da arte nas universidades de Zurique e da Basileia. Morreu em 1897.

SERGIO TELLAROLI é formado em Letras, alemão e inglês, pela Universidade de São Paulo e atua como tradutor literário desde 1988, com diversas traduções publicadas pela Companhia das Letras. Entre os autores que traduziu estão Goethe, Elias Canetti, Thomas Bernhard, Arthur Schnitzler e Robert Walser.

Jacob Burckhardt

O Estado como obra de arte

Tradução de
SERGIO TELLAROLI

PENGUIN
COMPANHIA DAS LETRAS

*Grafia atualizada segundo o Acordo Ortográfico da Língua
Portuguesa de 1990, que entrou em vigor no Brasil em 2009.*

"O Estado como obra de arte" [Der Staat als Kunstwerk]
foi originalmente publicado como capítulo do livro
A Cultura do Renascimento na Itália [Die Kultur der Renaissance
in Italien], do mesmo autor.

CAPA E PROJETO GRÁFICO PENGUIN-COMPANHIA
Raul Loureiro, Claudia Warrak

REVISÃO
Adriana Cristina Bairrada

Dados Internacionais de Catalogação na Publicação (CIP)
(Câmara Brasileira do Livro, SP, Brasil)
_____

Burckhardt, Jacob
    O Estado como obra de arte / Jacob Burckhardt ; tradução
de Sergio Tellaroli. — 1ª ed. — São Paulo : Penguin Classics
Companhia das Letras, 2012.

    Título original: Die Kultur der Renaissance in Italien :
ein Versuch.
    ISBN 978-85-63560-37-7

    1. Itália — Civilização — 1268-1559 2. Renascença —
Itália I. Título.

11-14814   CDD-945.05
_____

Índice para catálogo sistemático:
1. Itália : Renascença : História 945.05

[2012]
Todos os direitos desta edição reservados à
EDITORA SCHWARCZ LTDA.
Rua Bandeira Paulista, 702, cj. 32
04532-002 — São Paulo — SP
Telefone: (11) 3707-3500 Fax: (11) 3707-3501
www.penguincompanhia.com.br
www.blogdacompanhia.com.br

Introdução

É no verdadeiro sentido da palavra que esta obra carrega o título de um mero ensaio; seu autor tem suficientemente claro em sua consciência a modéstia dos meios e forças com os quais se encarregou de tarefa tão extraordinariamente grande. Pudesse ele, contudo, contemplar com maior confiança sua pesquisa, tampouco estaria mais seguro do aplauso dos conhecedores. Os contornos espirituais de uma época cultural oferecem, talvez, a cada observador uma imagem diferente, e, em se tratando do conjunto de uma civilização que é a mãe da nossa e que sobre esta ainda hoje segue exercendo a sua influência, é mister que juízo subjetivo e sentimento interfiram a todo momento tanto na escrita quanto na leitura desta obra. No vasto mar ao qual nos aventuramos, são muitos os caminhos e direções possíveis; os mesmos estudos realizados para este trabalho poderiam, nas mãos de outrem, facilmente experimentar não apenas utilização e tratamento totalmente distintos, como também ensejar conclusões substancialmente diversas. O assunto é, em si, suficientemente importante para tornar desejáveis muitas outras investigações e exortar pesquisadores dos mais diversos pontos de vista a se manifestarem. Entrementes, estaremos satisfeitos se nos for concedida uma atenção paciente e se este livro for compreendido como um todo. A necessidade de fracionar um grande *continuum* espiritual em categorias isoladas e, amiúde, aparentemente arbitrárias, com o intuito de, de alguma forma, poder apresentá-lo, constitui dificuldade capital da história cultural. Era nossa intenção, a princípio, suprir a maior lacuna deste livro mediante uma obra especial tratando da "arte do Renascimento", propósito que apenas minimamente pôde ser realizado.*

A luta entre os papas e os Hohenstaufen acabou por deixar a Itália em uma situação política que diferia substancialmente daquela do restante do Ocidente. Se na França, Espanha e Inglaterra o sistema feudal era de natureza tal a, transcorrido seu tempo de vida, desembocar fatalmente no Estado monárquico unificado; se na Alemanha ele ajudou, ao menos exteriormente, a manter a unidade do império — a Itália, por sua vez, libertara-se quase completamente desse mesmo sistema. Na melhor das hipóteses, os imperadores do século xiv não eram mais acolhidos e respeitados como senhores feudais, mas como possíveis expoentes e sustentáculos de poderes já existentes. O papado, por sua vez, com suas criaturas e pontos de apoio, era forte o bastante apenas para coibir qualquer unidade futura, sem, no entanto, ser ele próprio capaz de gerá-la. Entre aqueles e este, havia uma série de configurações políticas — cidades e déspotas, em parte já existentes, em parte recém-surgidos — cuja existência era de natureza puramente factual.** Nestas, pela primeira vez, o espírito do Estado europeu moderno manifesta-se livremente, entregue a seus próprios impulsos. Com suficiente frequência, elas exibem em seus traços mais medonhos o egoísmo sem peias, escarnecendo

---

* "A arquitetura e decoração do Renascimento italiano", in *Geschichte der Baukunst*, Franz Kugler (org.). v. 4.
** Os governantes e seus partidários são, conjuntamente, chamados *lo stato*, nome que, depois, adquiriu o significado da existência coletiva de um território.

de todo o direito, sufocando o germe de todo desenvolvimento sadio. Onde, porém, essa tendência é superada ou, de alguma forma, contrabalançada, ali um novo ser adentra a história: o Estado, como criação consciente e calculada, como obra de arte. Tanto nas cidades-repúblicas quanto nos Estados tirânicos, esse ser vivente manifesta-se de centenas de maneiras, determinando-lhes a configuração interna bem como a política externa. Contentar-nos-emos aqui com o exame de seu tipo mais completo e mais claramente definido, presente na figura dos Estados tirânicos.

A situação interna dos territórios governados por déspotas tinha um célebre modelo no Império Normando da Baixa Itália e da Sicília, tal qual o reorganizara o imperador Frederico II. Criado sob o signo da traição e do perigo, próximo dos sarracenos, Frederico acostumara-se desde cedo ao julgamento e tratamento totalmente objetivo das coisas — o primeiro homem moderno a subir a um trono. Acrescia-se a isso sua familiaridade e intimidade com o interior dos Estados sarracenos e sua administração, além de uma luta pela existência contra os papas que obrigou ambos os lados a levar para o campo de batalha todas as forças e meios imagináveis. As ordens de Frederico (principalmente a partir de 1231) têm por objetivo a total aniquilação do Estado feudal, a transformação do povo em uma massa abúlica, desarmada e, no mais alto grau, pagadora de tributos. De uma maneira até então inaudita no Ocidente, ele centralizou todo o Poder Judiciário e a administração. Nenhum cargo podia mais ser preenchido por meio da escolha popular, sob pena de devastação para a localidade que o fizesse e degradação de seus habitantes à condição de servos. Os tributos, baseados num cadastro abrangente e em práticas maometanas de tributação, eram cobrados daquela maneira martirizante e atroz, sem o auxílio da qual, é certo, não se obtém dinheiro algum dos orientais. Sob tais condi-

ções, já não há povo, mas um amontoado controlável de
súditos que, por exemplo, não podem se casar fora do
território sem uma permissão especial, tampouco, de forma alguma, estudar fora dele. A Universidade de Nápoles
constitui o exemplo mais antigo conhecido de restrição à
liberdade de estudar, ao passo que o Oriente, ao menos
nessas questões, dava liberdade a seu povo. Genuinamente maometano, em contrapartida, era o comércio próprio
que Frederico praticava em todo o Mediterrâneo, reser-
vando para si o monopólio sobre várias mercadorias e to-
lhendo o comércio de seus súditos. Os califas fatímidas,
com toda a sua doutrina esotérica da descrença, haviam
sido (pelo menos no princípio) tolerantes para com as reli-
giões de seus súditos; Frederico, pelo contrário, coroa seu
sistema de governo com uma inquisição que tanto mais
culposa se afigura quando se admite que ele perseguia nos
hereges os representantes de uma vida municipal liberal.
Serviam-no, por fim, como força policial — no plano interno — e como núcleo do exército — no plano externo —, os
sarracenos transferidos da Sicília para Luceria e Nocera,
surdos a toda lamentação e indiferentes à proscrição da
Igreja. Mais tarde, abúlicos e desacostumados às armas,
os súditos aceitaram passivamente a queda de Manfredo
e a usurpação do trono por Carlos de Anjou. Este último,
porém, tendo herdado um tal mecanismo de governo, seguiu utilizando-o.

Ao lado do imperador centralizador, entra em cena,
então, um usurpador de caráter singularíssimo: seu vi-
gário e genro Ezzelino da Romano. Este não representa
qualquer sistema de governo ou administração, uma vez
que sua atuação se reduz unicamente à luta pela supre-
macia na porção superior oriental da Itália; entretanto,
como modelo político para a época que se seguiu, ele
não é menos importante do que seu protetor imperial.
Até então, todas as conquistas e usurpações medievais se
haviam realizado com base em alguma herança, real ou

alegada, e em direitos que tais — ou, de resto, em prejuízo dos descrentes ou excomungados. Agora, pela primeira vez, tenta-se fundar um trono por meio do assassinato em massa e de infindáveis atrocidades, isto é, mediante o emprego de quaisquer meios visando única e exclusivamente a um fim. Nenhum de seus sucessores logrou, de alguma forma, equiparar-se a Ezzelino no caráter colossal de seus crimes, nem mesmo César Borgia; o exemplo, porém, estava dado, e sua queda não significou para os povos o restabelecimento da justiça, tampouco uma advertência para futuros malfeitores.

Em vão, são Tomás de Aquino — nascido súdito de Frederico — elaborou em uma tal época a teoria de uma monarquia constitucional, na qual concebia o príncipe sustentado por uma Câmara Alta por ele nomeada e por uma representação eleita pelo povo. Teorias dessa ordem dissipavam-se nos auditórios da universidade: Frederico e Ezzelino foram e prosseguiram sendo para a Itália os maiores fenômenos políticos do século XIII. Sua imagem, refletida de maneira já semifabulosa, compõe o conteúdo principal das *Cento novelle antiche*, cuja redação original data certamente ainda desse mesmo século. Nelas, Ezzelino é já descrito com o temeroso respeito que é a manifestação de toda impressão portentosa. Toda uma literatura, da crônica das testemunhas oculares até a tragédia semimitológica, converge para sua pessoa.

Imediatamente após a queda de ambos, surgem, então, oriundos principalmente das disputas entre guelfos e gibelinos — e, em geral, na qualidade de expoentes destes últimos —, os diversos tiranos, mas sob formas e condições tão diversas, que não se pode deixar de reconhecer uma inevitabilidade comum a fundamentar seu surgimento. No tocante aos meios, eles só precisam dar continuidade àquilo que suas respectivas facções já haviam iniciado: o extermínio ou expulsão dos opositores e a destruição de suas casas.

Tiranias do século XIV

Os despotismos, maiores ou menores, do século XIV revelam com suficiente frequência que os exemplos do passado não haviam sido esquecidos. Seus próprios delitos bradaram alto, e a história os registrou pormenorizadamente. Na qualidade de Estados erguidos totalmente sobre si mesmos e organizados em função disso, tais despotismos afiguram-se-nos, não obstante, de grande interesse.

A avaliação consciente de todos os meios disponíveis — o que, fora da Itália, não passava pela cabeça de príncipe algum —, associada a uma quase absoluta plenitude de poderes no interior das fronteiras do Estado, produziu nesses homens formas de vida muito especiais. Para os tiranos mais sábios, o segredo fundamental da dominação residia em, tanto quanto possível, conservar a tributação da maneira como eles a haviam encontrado ou, de início, estabelecido: um imposto fundiário baseado em um cadastro; determinados tributos sobre artigos de consumo e taxas alfandegárias sobre importação, somando-se a isso ainda as receitas provindas da fortuna privada da casa reinante. A única possibilidade de aumento da arrecadação vinculava-se ao crescimento da prosperidade geral e dos negócios. Inexistiam aqui os empréstimos, tal como eles ocorriam nas cidades livres; tomava-se, antes, a liberdade de, vez por outra, aplicar um bem calculado golpe de força — como, por exemplo, a verdadeiramente sultânica destituição e pilhagem do mais alto encarregado das finanças —, contanto que um tal golpe deixasse inabalado o conjunto da situação.

Procurava-se, pois, fazer com que esses rendimentos fossem suficientes para pagar as despesas da pequena corte, da guarda pessoal, dos mercenários recrutados, das edificações, bem como dos bufões e homens de talento, que compunham o séquito pessoal do príncipe. A ilegitimidade, rodeada de perigos constantes, isola o déspota; a aliança mais honrosa que ele pode eventualmente selar é aquela com o talento intelectual mais elevado, independentemente de sua origem. No século XIII, a liberalidade dos príncipes do Norte limitara-se aos cavaleiros, à nobreza que servia e cantava. Não é esse o caso do tirano italiano, que, com sua propensão para a monumentalidade e sede de glória, precisa do talento enquanto tal. Em companhia do poeta ou do erudito, ele se sente pisando novo terreno, sente-se mesmo quase de posse de uma nova legitimidade.

Mundialmente famoso sob esse aspecto é o déspota de Verona, Cangrande della Scala, que, nas pessoas dos notáveis proscritos que abrigava em sua corte, sustentava toda uma Itália. Os escritores eram-lhe gratos. Petrarca, cujas visitas a tais cortes encontraram tão severas críticas, esboçou o retrato ideal de um príncipe do século XIV [*De rep. optime administranda*]; exige muito de seu destinatário — o senhor de Pádua —, mas de maneira a conferir-lhe a capacidade de atender a essas exigências:

> Tu não deves ser o senhor, mas o pai de teus súditos; deves amá-los como a teus filhos, amá-los mesmo como membros de teu corpo. Contra os inimigos, podes empregar armas, guardas e soldados — com teus súditos, a mera benevolência já basta; refiro-me, por certo, apenas àqueles súditos que amam a ordem estabelecida, pois quem diariamente planeja transformações é um rebelde e inimigo do Estado, e contra este deve imperar justiça rigorosa!

Segue-se, então, em detalhes, a ficção genuinamente moderna da onipotência do Estado: o príncipe deve cuidar de tudo, construir e manter igrejas e edifícios públicos, conservar a polícia municipal,* drenar os pântanos,

* Inclui-se aí, de passagem, o desejo de que fosse proibida a presença de porcos nas ruas de Pádua, uma vez que já a sua visão era desagradável e, além disso, os cavalos se assustavam.

zelar pelo vinho e pelos cereais, distribuir com justeza os tributos, dar apoio aos desamparados e aos doentes e dedicar sua proteção e convívio a eminentes eruditos, uma vez que estes cuidarão de sua glória junto à posteridade.

Quaisquer que possam ter sido os aspectos mais luminosos e os méritos de alguns desses tiranos, porém, já o século XIV reconheceu ou pressentiu a fugacidade e fragilidade da maioria deles. Uma vez que, por razões internas, configurações políticas dessa natureza são tanto mais duráveis quanto maior for o território sob seu domínio, os despotismos mais poderosos tenderam sempre a devorar os menores. Que hecatombe de pequenos déspotas foi, nessa época, sacrificada somente aos Visconti! Decerto, a esse perigo externo correspondeu quase sempre uma fermentação interna, e a repercussão dessa situação sobre o ânimo do déspota devia ser, na maior parte dos casos, absolutamente ruinosa. A falsa onipotência, o convite ao prazer e a toda sorte de egoísmos, por um lado; os inimigos e conspiradores, por outro, tornavam-no quase inevitavelmente um tirano da pior espécie. Pudesse ele confiar ao menos em seus parentes mais próximos! Onde, porém, tudo era ilegítimo, tampouco um sólido direito de herança podia constituir-se, quer no tocante à sucessão, quer na divisão dos bens. Assim é que, em momentos de perigo iminente, um primo ou tio decidido, no interesse da própria casa, desalojava o filho ainda menor ou inepto de um príncipe. Também a exclusão ou reconhecimento dos bastardos era motivo de disputas constantes. Um número considerável de famílias foi, pois, assolado por parentes insatisfeitos e vingativos — uma situação que, não raro, rompia em franca traição e em assassinatos domésticos. Outros, vivendo como refugiados em outras terras, munem-se de paciência e tratam a questão de maneira objetiva, como, por exemplo, aquele Visconti que lançava sua rede de pesca no lago de Garda; o emissário de seu inimigo perguntou-

-lhe de modo bastante direto quando é que ele tencionava retornar a Milão, recebendo a seguinte resposta: "Não antes que as vilezas dele tenham logrado suplantar meus crimes".* Por vezes, também, os parentes sacrificam o soberano reinante em honra da já excessivamente ofendida moral pública, visando com isso salvar o restante da casa.** Aqui e ali, o governo repousa ainda de tal modo sobre o conjunto da família, que o déspota encontra-se amarrado aos conselhos desta; também nesse caso a partilha da propriedade e da influência ensejava facilmente a mais áspera contenda.

Nos autores florentinos de então, encontra-se um ódio geral e profundo contra todo esse sistema. Já o cenário pomposo, os trajes esplendorosos por meio dos quais os déspotas desejavam menos, talvez, satisfazer a própria vaidade do que impressionar a fantasia popular, despertam naqueles autores o mais agudo sarcasmo. Ai do arrivista que lhes cai nas mãos, como o recém-constituído doge Agnello de Pisa (1364), que costumava sair a cavalgar com seu cetro dourado e, ademais, exibir-se à janela de sua casa, "como se exibem relíquias", recostado sobre tapeçaria e almofadas adornadas com ouro; tinha-se de servi-lo de joelhos, como a um papa ou imperador. Mais frequentemente, contudo, o tom desses antigos florentinos é o de elevada seriedade. Dante [*De vulgari eloquentia*] reconhece e nomeia com primor a ausência de nobreza, o caráter ordinário da cobiça e avidez de poder dos novos príncipes. "O que ressoa de suas trombetas, sinos, trompas e flautas senão: vinde a nós, carrascos, aves de rapina!" Imagina-se o castelo do tirano lá no alto, isolado, repleto de masmorras e escutas, como a

---

* Faz-se referência aqui a Matteo I Visconti e a Guido della Torre, este, à época, no poder em Milão.
** Como no assassinato secreto de Matteo II Visconti, por intermédio de seus irmãos.

morada da maldade e da desgraça.* Outros profetizam
o infortúnio de todo aquele que adentra o serviço do
déspota, lastimando afinal pelo próprio tirano, que seria, inevitavelmente, o inimigo de todos os homens bons
e capazes, que não se poderia permitir confiar em pessoa
alguma e lia no rosto de seus súditos a expectativa por
sua queda. "Assim como os tiranos surgem, crescem e se
firmam, em seu íntimo cresce também, oculto, o elemento que fatalmente lhes trará a desorientação e a ruína."
A contradição mais profunda não é claramente realçada:
Florença via-se então em meio ao mais rico desenvolvimento das individualidades, ao passo que os déspotas
não reconheciam nem admitiam qualquer outra indivi-
dualidade que não a sua própria e a de seus servidores
mais próximos. Afinal, os mecanismos de controle sobre
o indivíduo já haviam sido totalmente implantados, che-
gando ao nível de um sistema de passaportes.**

Nas mentes de seus contemporâneos, a notória crença
nos astros e a irreligiosidade de muitos soberanos confe-
riram ainda uma coloração peculiar a essa sua existência
sinistra, esquecida por Deus. Quando o último Carrara,
em sua Pádua dizimada pela peste (1405) e sitiada pelos
venezianos, não mais pôde defender as muralhas e por-
tões da cidade, sua guarda pessoal o ouvia com frequência, à noite, invocar o demônio, para que este o matasse!

O mais completo e instrutivo desenvolvimento, em
meio a essas tiranias do século XIV, encontra-se incon-
testavelmente nos Visconti de Milão, a partir da morte
do arcebispo Giovanni (1354). Um inconfundível paren-
tesco com o mais terrível dos imperadores romanos logo

---

* Isso, por certo, somente nos escritos do século XV, mas certamente tendo por base fantasias de épocas anteriores.
** Nos últimos dez anos de Frederico II, quando imperava o
mais rigoroso controle pessoal, o sistema de passaportes estaria já bastante desenvolvido.

se anuncia na pessoa de Bernabò: sua prática de caçar javalis constitui o objetivo mais importante do Estado; todo aquele que nela interfere é torturado e executado; aterrorizado, o povo tem de alimentar seus 5 mil cães de caça, arcando com a agudíssima responsabilidade pelo bem-estar destes. Os tributos são elevados com o auxílio de todas as formas possíveis e imagináveis de coação; sete filhas do príncipe são dotadas com 100 mil florins de ouro cada uma, e um enorme tesouro é acumulado. Por ocasião da morte de sua esposa (1384), uma notificação "aos súditos" determina que estes devem, como antes da alegria, compartilhar agora do sofrimento de seu príncipe, trajando luto por um ano inteiro. Incomparavelmente característica é a manobra por meio da qual seu sobrinho Giovanni Galeazzo (1385) passa a tê-lo sob seu poder — um daqueles complôs bem-sucedidos cuja descrição faz bater mais forte o coração dos historiadores pósteros. Em Giovanni Galeazzo evidencia-se portentosamente o verdadeiro pendor do tirano para o colossal. Despendendo 300 mil florins de ouro, ele constrói gigantescos diques para, como bem desejasse, poder desviar o Mincio de Mântua ou o Brenta de Pádua e, assim, tornar indefesas essas cidades; não seria mesmo impensável que tivesse cismado em secar as lagunas de Veneza. Giovanni Galeazzo fundou "o mais maravilhoso de todos os mosteiros", o cartuxo de Pavia, e a catedral de Milão, "que, em grandeza e esplendor, supera todas as igrejas da cristandade"; mesmo o palácio em Pavia, cuja construção fora iniciada por seu pai — Galeazzo — e que ele concluiu, talvez tenha sido de longe a mais magnífica residência principesca da Europa de outrora. Para lá, ele transferiu também sua famosa biblioteca e a grande coleção de relíquias de santos, aos quais dedicava uma espécie particular de crença. Seria de estranhar em um príncipe de tal índole que ele não tivesse, também no campo político, almejado coroas maiores. O rei Venceslau o fez duque (1395); quando, porém, adoeceu e morreu (1402), Giovanni Galeazzo tinha em mente nada menos do que o reino da Itália ou a coroa imperial. Supõe-se que, à época, a totalidade de seus Estados devia pagar-lhe anualmente, além do tributo regular, no montante de 1,2 milhão de florins de ouro, mais 800 mil em subsídios extraordinários. Após a sua morte, o império que montara, valendo-se de toda sorte de violências, fez--se em pedaços e, por um tempo, seus territórios mais antigos mal puderam ser mantidos. Quem sabe o que teria sido de seus filhos — Giovanni Maria (morto em 1412) e Filippo Maria (morto em 1447) —, tivessem eles nascido alhures, sem nada saber da casa paterna? Herdeiros desta, no entanto, herdaram com ela também o gigantesco capital de atrocidades e covardia que ali se acumulara de geração em geração.

Giovanni Maria é, mais uma vez, famoso por seus cães — estes, não de caça, mas adestrados para dilacerar seres humanos; seus nomes foram-nos transmitidos, assim como aqueles dos ursos do imperador Valentiniano I. Quando, em maio de 1409, em meio à guerra ainda em curso, o povo faminto gritava-lhe na rua "Pace! Pace!", ele ordenou a seus mercenários que atacassem, matando duzentas pessoas; em seguida, tornou-se proibido, sob pena de enforcamento, pronunciar as palavras *pace* e *guerra* — e até mesmo os padres foram obrigados a, em vez de *dona nobis pacem*, dizer *tranquilitem*! Por fim, estando Facino Cane, condottiere-mor do desvairado duque, à beira da morte em Pavia, alguns conspiradores valeram-se do momento propício para dar cabo de Giovanni Maria junto à igreja de San Gottardo, em Milão; no mesmo dia, porém, o moribundo Facino fez seus oficiais jurarem auxílio ao herdeiro, Filippo Maria, sugerindo ainda ele próprio que, após a sua morte, sua esposa se casasse com este, como, aliás, logo se deu; o nome dela era Beatrice di Tenda. De Filippo Maria, voltaremos a falar mais adiante.

* * *

E, em tempos como esses, Cola di Rienzi confiava poder erigir, fundado no raquítico entusiasmo da decaída população romana, um novo governo sobre toda a Itália. Ao lado de déspotas como os já mencionados, ele não passa de um pobre e desorientado tolo.

Tiranias do século XV

O despotismo no século XV exibe um caráter modificado. Muitos dos pequenos tiranos, e mesmo alguns dos grandes, como os Scala e os Carrara, pereceram; os poderosos fortaleceram-se e, internamente, suas tiranias desenvolveram feições mais características. Nápoles, por exemplo, recebe um impulso mais vigoroso com a nova dinastia aragonesa. Característico, no entanto, no tocante a esse século, é, primordialmente, o anseio dos condottieri por uma soberania própria, independente — por coroas: um passo à frente no caminho do puramente factual e um alto prêmio tanto para o talento quanto para a perversidade. No intento de assegurar para si algum suporte, os tiranos menores põem-se agora, de bom grado, a serviço de Estados maiores, tornando-se condottieri destes, o que lhes propicia algum dinheiro e, decerto, também a impunidade para muitos de seus crimes, talvez até mesmo uma expansão de seus domínios. De um modo geral, grandes e pequenos precisaram esforçar-se mais, agir com maior prudência e cálculo, abstendo-se do terror excessivo; era-lhes permitido praticar o mal apenas na justa medida em que essa prática comprovadamente servisse a seus objetivos — o mesmo tanto, aliás, que lhes perdoava a opinião dos espectadores. Não há mais sinal aqui daquele capital de devoção que favorecia as casas principescas legítimas do Ocidente, mas, no máximo, uma espécie de popularidade restrita às capitais de seus domínios; para avançar, os príncipes italianos têm sempre de buscar auxílio fundamentalmente no talento e no frio calculismo. Uma figura como a de Carlos, o Temerário, que com uma paixão desenfreada aferrava-se a propósitos totalmente impraticáveis, constituía verdadeiro enigma para os italianos.

Os suíços são mesmo meros camponeses, e ainda que se os matassem todos, isso não significaria reparação alguma para os nobres borgonheses que tombassem em combate! Mesmo que o duque tomasse a Suíça sem enfrentar resistência, o acréscimo em seus rendimentos anuais daí decorrente não seria maior do que 5 mil ducados [...]. [Em: De Gingins, *Dépêches des ambassadeurs milanais*, v. 2.]

Para a Itália, tornara-se incompreensível aquilo que Carlos tinha de medieval, suas fantasias ou ideais cavalheirescos. Quando esbofeteava seus chefes militares, mas conservava-os junto de si; quando maltratava suas tropas para puni-las por uma derrota e, depois, diante dos mesmos soldados, ridicularizava seus conselheiros — em tais ocasiões, os diplomatas do Sul só podiam dá-lo por perdido. Por outro lado, Luís XI — que em sua política suplanta os príncipes italianos dentro do próprio estilo destes e que se confessava sobretudo admirador de Francesco Sforza — encontra-se muito distante daqueles príncipes no campo da formação e da cultura, graças à sua natureza vulgar.

O bem e o mal confundem-se em um amálgama deveras notável nos Estados italianos do século XV. A personalidade dos príncipes desenvolve-se de tal forma, adquire amiúde um significado tão profundo e característico de sua situação e missão, que seria difícil chegar a um juízo moral adequado a seu respeito.*

---

* É essa associação de força e talento que Maquiavel chama de *virtù*, entendendo-a por compatível também com a *scelle-*

As bases da dominação são e permanecem sendo ilegítimas — uma maldição que a ela se prende e que daí se recusa a afastar-se. Sanções e investiduras imperiais não alteram esse quadro, porque o povo não dá a menor atenção ao fato de seus soberanos terem comprado um pedaço de pergaminho em alguma terra distante ou a algum estranho de passagem. Tivessem os imperadores alguma utilidade, não teriam sequer permitido o surgimento dos déspotas — ou assim rezava, então, a lógica do desinformado senso comum. Desde a expedição romana de Carlos IV, os imperadores na Itália fizeram apenas sancionar o estado de violência surgido sem a sua participação, sem, entretanto, poder garanti-lo de alguma forma que não por meio de documentos escritos. Todo o comportamento de Carlos na Itália constitui uma das mais ignominiosas comédias políticas; pode-se ler em Matteo Villani como os Visconti o escoltam por seus domínios e, por fim, para fora deles; como se apressa, feito um mascate, apenas para, rapidíssimo, obter dinheiro por suas mercadorias (ou seja, os privilégios); que papel lastimável faz em Roma e, finalmente, como, sem ter desferido um único golpe com sua espada, ele se retira novamente para além dos Alpes com a mala repleta de dinheiro. Sigismondo, ao menos em sua primeira visita à Itália (1414), ali esteve com o intuito de persuadir João XXII a participar de seu concílio; foi então que, no alto da torre de Cremona, enquanto imperador e papa desfrutavam do panorama da Lombardia, sobreveio a seu anfitrião, o tirano Gabrino Fondolo, o desejo de atirá-los a ambos para baixo. Em sua segunda visita, Sigismondo apresentou-se já na condição de completo aventureiro; ao longo de mais de seis meses, permaneceu trancafiado em Siena, como se numa prisão para devedores, e só a muito custo logrou, posteriormente, ser coroado em

---

ratezza. Por exemplo, *Discursos*, I, 10, sobre Sétimo Severo.

Roma. O que pensar, então, de Frederico III? Suas visitas
à Itália têm o caráter de viagens de férias ou recreio, à
custa daqueles que queriam ter seus direitos sancionados
por ele ou que se sentiam lisonjeados em hospedar com
grande pompa um imperador. Tal foi o caso de Afonso
de Nápoles, que se permitiu despender 150 mil florins de
ouro pela visita imperial. Por ocasião de seu segundo retorno de Roma (1469), Frederico passou um dia inteiro
em Ferrara sem sair do quarto, distribuindo nada mais
do que títulos, oitenta no total. Ali, ele nomeou notários, *cavalieri*, *dottori*, *conti* — *conti*, aliás, de matizes
diversos, como, por exemplo, *conti palatini*, *conti* com
direito a nomear *dottori* (sim, com direito a nomear até
cinco *dottori*), *conti* com direito a legitimar bastardos,
designar notários, a declarar honestos notários deso-
nestos etc. Seu chanceler, porém, exigiu gratidão considerada um tanto alta em Ferrara pela expedição dos
documentos correspondentes. O que o duque Borso pensava disso tudo, enquanto seu protetor imperial distri-
buía títulos, provendo destes toda a pequena corte, não
é mencionado. Os humanistas, outrora com a palavra,
divergiam entre si, de acordo com os interesses de cada
um. Enquanto uns exaltam o imperador com o júbilo
convencional dos poetas da Roma imperial, Poggio já
não sabe o que a coroação significa realmente; afinal,
entre os antigos, somente um imperador vitorioso era
coroado, e, aliás, com louros.

Com Maximiliano I, tem início uma nova política imperial com relação à Itália, associada à generalizada intervenção estrangeira. Seu começo — a investidura de Ludovico, o Mouro, e a exclusão de seu desafortunado sobrinho
— não foi do tipo auspicioso. De acordo com a teoria
moderna da intervenção, quando duas forças pretendem
despedaçar um país, uma terceira pode ainda surgir e
participar da empreitada; assim foi que o império pôde
também cobiçar a sua parte. Mas não se podia mais falar

em justiça, direitos e similares. Enquanto Luís XII (1502) era esperado em Gênova, enquanto a grande águia imperial era removida da entrada do salão principal do palácio ducal e lírios eram pintados em seu lugar, Senarega, o historiador, perguntava por toda parte o que aquela águia — sempre poupada por tantas revoluções — realmente significava e que pretensões tinha o império sobre Gênova. Ninguém tinha uma resposta que não fosse a de sempre: Gênova era uma *camera imperii*. Ninguém, em toda a Itália, sabia dar resposta mais segura a tais questões. Somente quando Carlos V tomou para si a Espanha e o império juntos, foi que ele pôde fazer prevalecer, com o auxílio de forças espanholas, também as pretensões imperiais. O que ganhou com isso, porém, sabidamente não veio a beneficiar o império, mas o poder espanhol.

Atrelada à ilegitimidade política das dinastias do século XV estava, por sua vez, a indiferença quanto à descendência legítima, que tanto chamava a atenção dos estrangeiros, como Comines, por exemplo. Ambas corriam, por assim dizer, paralelamente. Enquanto no Norte, na casa de Borgonha, por exemplo, destinavam-se aos bastardos subvenções próprias, bem definidas (bispados e que tais); enquanto em Portugal uma linhagem de bastardos só a muito custo firmava-se no trono — na Itália, não havia mais casa principesca alguma que não tivesse contado em sua linhagem com alguma descendência ilegítima, e que não a tivesse pacientemente tolerado. Os aragoneses de Nápoles compunham a linhagem bastarda daquela casa, pois Aragão mesmo herdara-a o irmão de Afonso I. O grande Frederico de Urbino não era, talvez, Montefeltro nenhum. Quando Pio II encontrava-se em viagem para o Congresso de Mântua (1459), cavalgaram ao seu encontro, em Ferrara, oito bastardos da casa de Este, dentre os quais o próprio governante, duque Borso, e dois filhos ilegítimos de seu igualmente ilegítimo irmão e predecessor, Leonello. Este último, aliás, tivera

uma esposa legítima, ela própria filha ilegítima de Afonso I de Nápoles com uma africana. Os bastardos eram
também amiúde admitidos em função da menoridade de
filhos legítimos e da iminência de perigos; uma espécie
de direito do mais velho entrou em vigor, sem maiores
considerações acerca da legitimidade ou ilegitimidade da
descendência. A utilidade, o mérito do indivíduo e de
seu talento, é aqui, por toda parte, mais poderosa do
que os usos e leis do restante do Ocidente. Tratava-se,
afinal, da época em que os filhos dos papas estavam fun-
dando principados para si! No século XVI, sob a influência dos estrangeiros e da nascente Contrarreforma, toda
essa questão passou a ser vista com maior rigor; Varchi
acredita que a sucessão dos filhos legítimos seja "o que
ordena a razão e, desde sempre, a vontade celestial". O
cardeal Ippolito de Medici fundamentava sua pretensão
ao governo de Florença no fato de ser ele fruto de um casamento talvez legítimo — ou, pelo menos, filho de uma
nobre, e não (como o duque Alexandre) de uma serviçal.
Têm início então os casamentos morganáticos, por afe-
to, que, no século XV, por razões morais e políticas, não
teriam tido sentido algum.

A forma mais elevada e admirada de ilegitimidade no
século XV, porém, encontra-se representada no condottiere que, qualquer que seja sua origem, obtém para si um
principado. Fundamentalmente, já a tomada da Baixa
Itália pelos normandos, no século XI, não tivera outro caráter; agora, contudo, projetos dessa ordem começavam a
manter a península numa intranquilidade constante.

O estabelecimento de um líder mercenário como soberano era possível também sem o recurso à usurpação,
quando seu empregador, por falta de dinheiro, o re-
compensava com terras e homens; de qualquer forma, o
condottiere precisava, mesmo tendo dispensado momen-
taneamente a maior parte de seus comandados, de um
lugar onde pudesse aquartelar-se no inverno e abrigar

as necessárias provisões. O primeiro exemplo de um líder de bando assim provido é John Hawkwood, agraciado pelo papa Gregório XI com Bagnacavallo e Cotignola. Quando, no entanto, com Alberigo da Barbiano, exércitos e comandantes italianos entraram em cena, surgiu com eles uma oportunidade mais propícia de se obterem principados — ou, no caso do condottiere que era já o déspota de algum território, de expandi-lo. A primeira grande bacanal dessa avidez soldadesca de poder foi celebrada no ducado de Milão, após a morte de Giovanni Galeazzo (1402). O governo de ambos os seus filhos transcorreu principalmente sob o signo da aniquilação desses tiranos belicosos, e do maior deles todos, Facino Cane, a casa herdou, juntamente com sua viúva, uma série de cidades e 400 mil florins de ouro, acrescendo-se a isso os soldados do primeiro marido que Beatrice di Tenda trouxe consigo. Constituiu-se, então, a partir dessa época, aquele relacionamento sobremaneira imoral entre os governos e seus condottieri que é característico do século XV. Uma velha anedota — daquelas cuja veracidade é atestada ao mesmo tempo em toda parte e em parte alguma — ilustra-o aproximadamente da maneira que segue. Uma determinada cidade — provavelmente Siena — tivera, certa vez, a seu serviço um comandante que libertara seus habitantes da pressão inimiga; estes confabulavam diariamente de que maneira poderiam recompensar seu libertador pelo feito, julgando, afinal, não haver a seu alcance recompensa grande o suficiente, nem mesmo transformá-lo no senhor da cidade; por fim, levantou-se alguém e sugeriu: "Vamos matá-lo e, então, adorá-lo como o padroeiro da cidade". Dispensaram, pois, a seu comandante mais ou menos o mesmo tratamento que o Senado romano dispensou a Rômulo. De fato, os condottieri não tinham de se proteger de mais ninguém, a não ser de seus empregadores. Se lutassem com sucesso, seriam perigosos e, por isso, ani-

quilados, como ocorreu com Roberto Malatesta, logo após
a vitória que obtivera para Sisto IV (1482); ao primeiro infortúnio, por outro lado, eram alvo de vingança,
como fizeram os venezianos com Carmagnola (1432).*
Do ponto de vista moral, é característico dessa situação
que os condottieri fossem amiúde obrigados a entregar
mulher e filhos como reféns, nem por isso experimen-
tando eles próprios ou inspirando uma confiança maior.
Seria necessário que fossem heróis da abnegação, figuras
como Belisário, para que neles não se acumulasse o mais
profundo ódio: somente a mais perfeita bondade interior tê-los-ia podido impedir de se tornarem completos
criminosos. E é como tais — repletos de desdém pelo
sagrado, de crueldade e traição com relação aos seres
humanos — que ficamos conhecendo alguns deles, quase
exclusivamente pessoas para as quais pouco importava
morrer sob a proscrição papal. Ao mesmo tempo, porém, a personalidade, o talento de alguns desenvolve-
-se até a máxima virtuosidade, tornando-os, também
nesse aspecto, alvo do reconhecimento e da admiração
dos soldados. Seus exércitos são os primeiros da história
moderna, exércitos cuja força motriz reside unicamente
no crédito pessoal de seu líder. Exemplo brilhante disso
é a vida de Francesco Sforza. Nela, não estão presentes
quaisquer preconceitos de casta que o tivessem podido
impedir de conquistar popularidade individualíssima
junto a todos aqueles com quem travou contato e, em
momentos difíceis, fazer uso apropriado desta. Casos
houve de inimigos deporem as armas ante o seu olhar
e, de peito aberto, saudarem-no respeitosamente, porque

---

* Teriam os venezianos envenenado também Alvino, em 1516?
Seriam corretos os motivos alegados para tanto? A República
fez-se a si própria herdeira de Colleoni, confiscando-lhe for-
malmente os bens após a sua morte, em 1475. Ela apreciava
que os condottieri investissem seu dinheiro em Veneza.

todos o tinham como "pai dos guerreiros". O interesse especial que nos proporcionam os Sforza reside no fato de que neles nos julgamos capazes de ver transluzir, desde o início, o empenho por um principado. A grande fertilidade dessa família constituiu o fundamento de seu êxito. Já o bastante famoso pai de Francesco, Giacomo, tinha vinte irmãos, todos criados de maneira rude em Cotignola, perto de Faenza, sob o signo de uma daquelas infindáveis *vendette* da Romanha, entre a sua própria família e a dos Pasolini. A casa inteira era um verdadeiro arsenal e posto de guarda — mãe e filhas dotadas também de absoluta belicosidade. Aos treze anos, Giacomo cavalga secretamente de sua casa até Panicale, em busca de Boldrino, o condottiere do papa — o mesmo que, embora morto, prosseguiu liderando suas tropas: a palavra de ordem provinha de uma tenda rodeada de bandeiras na qual seu cadáver jazeu embalsamado até que se encontrasse um sucessor digno. Tornando-se pouco a pouco conhecido por serviços diversos, Giacomo também trouxe seus parentes para perto de si, desfrutando por intermédio destes das mesmas vantagens que uma numerosa dinastia confere a um príncipe. São esses parentes que mantêm o exército unido enquanto Giacomo jaz cativo em Castel dell'Uovo, em Nápoles. Com as próprias mãos, sua irmã faz prisioneiros os enviados reais, salvando-o da morte com essa penhora. Que Giacomo fosse extremamente confiável em matéria de dinheiro, por isso encontrando crédito junto aos banqueiros mesmo após suas derrotas; que, por toda parte, protegesse os camponeses contra a licenciosidade dos soldados e não apreciasse a destruição de cidades conquistadas; sobretudo, porém, que casasse sua notável concubina, Lucia (a mãe de Francesco), com outro, para permanecer disponível a um vínculo matrimonial principesco — todos esses fatos, enfim, constituem já indícios da extensão e envergadura de seus propósitos. Da mes-

ma forma, os casamentos de seus parentes obedeceram
a um plano determinado. Giacomo manteve-se distante
da impiedade e da vida dissoluta de seus colegas. Os três
ensinamentos com os quais lançou Francesco ao mundo
advertem-no de que não toque em mulher alheia, não
bata em nenhum de seus homens — ou, se o fizer, que o
mande para bem longe — e, por fim, que não cavalgue
cavalo duro de boca, e tampouco cavalo que perde facilmente a ferradura. Acima de tudo, Giacomo possuía
a personalidade, se não de um grande comandante, por
certo de um grande soldado; possuía ainda um corpo
portentoso e muito bem treinado, um rosto popular de
camponês e memória digna de admiração, pois sabia e
era capaz de dizer, passados muitos anos, quais soldados
tinha, os cavalos que estes tinham e o soldo que lhes pagava. Sua formação era exclusivamente italiana; empre-
gava, porém, todo o seu tempo ocioso no aprendizado
da história e mandava traduzir autores gregos e latinos
para uso pessoal. Desde o princípio, seu filho Francesco,
ainda mais famoso que ele, teve sua ambição claramente voltada para um grande poderio, e acabou por obter
para si a poderosa Milão (1447-50), graças a uma brilhante condução de seu exército e a uma disposição para
a traição que desconhecia hesitações.

O exemplo de Francesco revelou-se sedutor. Por essa
época, Eneias Sílvio escreveu [De dictis et factis Alphon-
si]: "Em nossa Itália, sequiosa por transformações, onde
nada é sólido e nenhuma dinastia antiga existe, servos
podem facilmente tornar-se reis". Um homem, porém,
que se autodenominava "o homem da fortuna" ocupava,
mais do que qualquer outro, a fantasia de toda a Itália:
Giacomo Piccinino, o filho de Niccolò. Se também ele
lograria fundar um principado, era uma questão aberta
e palpitante. Os Estados de maior porte tinham evidente
interesse em impedi-lo, e mesmo Francesco Sforza jul-
gava vantajoso que a série de comandantes mercenários

tornados soberanos terminasse nele próprio. Entretanto, as tropas e chefes lançados contra Piccinino quando este, por exemplo, pretendeu tomar Siena, reconheceram ser de seu próprio interesse preservá-lo [Pio II, *Comentários*]: "Se ele se for, nós teremos provavelmente de voltar a lavrar a terra". Assim, ao mesmo tempo que o mantinham cercado em Orbetello, guarneciam-no também de provisões, de modo que Piccinino escapou honrosamente do apuro. Mas não escapou definitivamente de seu destino. Toda a Itália apostava o que iria acontecer quando, após uma visita aos Sforza em Milão, ele viajou para Nápoles, ao encontro do rei Ferrante (1465). A despeito de todas as garantias e alianças solenes, o rei mandou assassiná-lo em Castel Nuovo. Mesmo aqueles *condottieri* que eram possuidores de Estados herdados jamais se sentiram seguros; quando, em um mesmo dia, Roberto Malatesta e Frederico de Urbino morreram (1482) — aquele em Roma, este em Bolonha —, revelou-se que, ao morrer, cada um deles recomendara seu Estado aos cuidados do outro! Contra uma categoria de pessoas que tanto se permitia, tudo parecia permitido. Ainda bem jovem, Francesco Sforza casara-se com uma rica herdeira calabresa — Polissena Ruffa, condessa de Montalto — que lhe gerou uma filhinha; uma tia envenenou esposa e filha, obtendo a herança para si.

Da queda de Piccinino em diante, o surgimento de novos Estados governados por *condottieri* passou a ser manifestamente considerado um escândalo que não mais deveria ser tolerado; os quatro "grandes Estados" — Nápoles, Milão, a Igreja e Veneza — pareciam constituir um sistema em equilíbrio que não mais admitia perturbações dessa ordem. No Estado pontifício, onde pululavam pequenos tiranos, parte dos quais havia sido ou era ainda *condottiere*, os nepotes apoderaram-se do monopólio sobre tais empreitadas a partir de Sisto IV. Bastava, contudo, alguma oscilação no estado de coisas para que também os condottieri se fizessem novamente presentes. Certa feita, por ocasião do lastimável reinado de Inocêncio VIII, faltou pouco para que um certo Boccalino, outrora capitão a serviço de Borgonha, se entregasse aos turcos, juntamente com a cidade de Osimo, que tomara para si; para felicidade geral, e graças à intermediação de Lourenço, o Magnífico, o ex-capitão contentou-se com uma soma em dinheiro, retirando-se de cena. No ano de 1495, quando a guerra de Carlos VIII abalava toda a Itália, Vidovero, um condottiere de Brescia, pôs-se a testar suas forças; havia já tomado a cidade de Cesena, valendo-se do assassinato de vários nobres e cidadãos, mas o castelo resistiu, obrigando-o a partir; agora, acompanhado de uma tropa que lhe fora cedida por outro patife malvado — Pandolfo Malatesta de Rimini, filho do já mencionado Roberto, condottiere veneziano —, tomava do arcebispo de Ravena a cidade de Castelnuovo. Os venezianos, temendo estrago ainda maior e, além disso, pressionados pelo papa, ordenaram "amigavelmente" a Pandolfo que, na primeira oportunidade, prendesse seu bom amigo; foi o que este fez, ainda que "pesarosamente", seguindo-se, então, a ordem para que o executasse na forca. Pandolfo teve a consideração de, primeiro, estrangulá-lo na prisão para, então, exibi--lo ao povo. O último e mais significativo exemplo de tais usurpações, oferece-nos o famoso Castellan de Musso, que, por ocasião da confusão reinante no Milanês após a batalha de Pavia (1525), improvisou sua soberania às margens do lago de Como.

As tiranias menores

De um modo geral, pode-se dizer acerca dos déspotas do século XV que seus piores feitos acumularam-se sobretudo nos Estados mais minúsculos. Nestes, era natural que numerosas famílias, cujos membros desejavam todos eles viver de acordo com sua posição, se vissem às voltas com querelas relativas à questão da herança. Bernardo Varano, de Camerino, deu cabo de dois irmãos porque seus próprios filhos queriam ser agraciados com a herança deles. Onde quer que um mero soberano de uma cidade se distinga por um governo pragmático, moderado, não sangrento e, ao mesmo tempo, pela dedicação à cultura, será ele, em regra, um soberano pertencente a uma grande casa, ou dependente da política desta. Semelhante tipo foi, por exemplo, Alessandro Sforza (morto em 1473), príncipe de Pesaro, irmão do grande Francesco e sogro de Frederico de Urbino. Após uma longa vida de guerras, Alessandro — bom administrador, regente justo e acessível — desfrutou de um governo tranquilo, reunindo uma biblioteca magnífica e empregando seus momentos de lazer em conversas eruditas e religiosas. Pode-se incluir nessa categoria também Giovanni II Bentivoglio (1462-1506), de Bolonha, cuja política era determinada pela dos Este e dos Sforza. Em contraposição a ambos, que selvageria sangrenta encontramos nas casas dos Varano, de Camerino, dos Malatesta, de Rimini, dos Manfreddi, de Faenza, e sobretudo dos Baglioni, de Perugia! Sobre os acontecimentos que se desenrolaram nesta última casa por volta do fim do século XV, dispomos de fontes históricas primorosas — as crônicas de Graziani e de Matarazzo —, que deles nos informam com particular clareza.

Os Baglioni compunham uma daquelas casas cuja dominação não desenvolvera a estrutura de um principado formal, constituindo antes um primado municipal que repousava sobre uma grande riqueza familiar e uma efetiva influência na distribuição dos cargos públicos. No interior da família, reconhecia-se um chefe supremo; reinava, contudo, um ódio profundo e recôndito entre os membros de seus diversos ramos. Uma facção aristocrá-

tica rival, sob a liderança da família Oddi, fazia oposição
aos Baglioni. O conflito acabou em armas (por volta de
1487), e todas as casas dos grandes fizeram-se repletas
de *bravi*; atos de violência sucediam-se diariamente; por
ocasião do funeral de um estudante alemão assassinado,
duas faculdades puseram-se em armas, uma contra a outra, e, por vezes, os *bravi* de diferentes casas travavam
seus combates até mesmo em plena praça. Mercadores
e artesãos queixavam-se inutilmente; governadores e nepotes enviados pelo papa silenciavam ou logo deixavam
a cidade. Por fim, os Oddi são obrigados a sair de Perugia, e a cidade transforma-se, então, em uma fortaleza
sitiada sob o domínio despótico absoluto dos Baglioni,
aos quais até mesmo a catedral tem de servir como ca-
serna. Conspirações e ataques de surpresa são punidos
com vingança medonha; após 130 intrusos terem sido
já trucidados e enforcados junto ao palácio estatal (em
1491), 35 altares foram erigidos na praça e, ao longo de
três dias, missas e procissões tiveram lugar, para remover a maldição que pesava sobre o local. Um nepote de
Inocêncio VIII foi apunhalado na rua, em plena luz do
dia; outro, de Alexandre VI, enviado para apaziguar os
ânimos, não colheu mais do que franco escárnio. Guido
e Ridolfo, os dois chefes da casa reinante, mantinham,
para tanto, frequentes conversações com a freira domi-
nicana soror Colomba de Rieti, tida por santa e mila-
grosa, que, ameaçando-os com uma grande desgraça
futura, aconselhou-os à paz — em vão, naturalmente.
Ainda assim, o cronista aproveita o ensejo para chamar
a atenção para a devoção e religiosidade dos melhores
perugianos naqueles anos de terror. Enquanto Carlos
VIII se aproximava (1494), os Baglioni e os banidos
acampados em Assis e ao redor da cidade travavam uma
guerra de tal natureza que todas as edificações do vale
fizeram-se ao chão; os campos jaziam incultos, os camponeses degeneraram-se em ladrões e assassinos teme-

rários, cervos e lobos povoaram o vicejante matagal, os últimos deliciando-se com os corpos dos tombados, com "carne de cristãos". Quando Alexandre VI, diante de Carlos VIII, que retornava de Milão (1495), fugiu para a Úmbria, ocorreu-lhe, em Perugia, que poderia se livrar para sempre dos Baglioni; sugeriu a Guido uma festa qualquer, um torneio ou algo semelhante, onde pudesse tê-los todos reunidos num mesmo lugar, mas Guido era da opinião de que "o mais belo dos espetáculos seria ver toda a força militar de Perugia armada e reunida", ao que o papa pôs de lado seu plano. Logo depois, os banidos lançaram-se a um novo ataque, vencido pelos Baglioni unicamente em função de sua personalíssima disposição heroica. Nessa ocasião, Simonetto Baglioni, então aos dezoito anos, defendendo-se na praça com uns poucos homens contra centenas de inimigos, tombou com mais de vinte ferimentos, mas, ajudado por Astorre Baglioni, que viera em seu auxílio, alçou-se novamente ao seu cavalo e, vestindo sua dourada armadura de ferro com um falcão a adornar-lhe o elmo, "lançou-se ao combate — em aspecto e em feitos comparável a Marte". Naquela época, aos doze anos de idade, Rafael fazia ainda seus estudos com o mestre Pietro Perugino. Impressões daqueles dias talvez tenham se imortalizado em seus primeiros e pequenos quadros retratando são Jorge e são Miguel, e, se Astorre Baglioni encontrou em alguma parte a sua glorificação, encontrou-a na figura do cavaleiro celestial do *Eliodoro*.

Os adversários dos Baglioni haviam em parte morrido, em parte fugido em pânico, incapazes, dali em diante, de novos ataques. Passado algum tempo, foi-lhes concedida uma reconciliação parcial e a possibilidade do retorno. Perugia, porém, não se tornou mais segura, nem mais tranquila; a discórdia no interior da casa reinante rompeu, então, em atos terríveis. Em oposição a Guido, Ridolfo e seus filhos — Gianpaolo, Simonetto, Astorre, Gismondo, Gentile, Marcantonio e outros mais —, uniram-se dois sobrinhos em segundo grau: Grifone e Carlo Barciglia, este último, sobrinho também do príncipe Varano, de Camerino, e cunhado de um dos banidos de outrora, Jeronimo della Penna. Em vão, Simonetto, munido de maus pressentimentos, pediu de joelhos ao tio que o deixasse matar Penna: Guido negou-lhe a permissão. Subitamente, em meados do verão de 1500, a conspiração tomou forma, por ocasião do casamento de Astorre com Lavinia Colonna. As festividades tiveram início e se estenderam por alguns dias sob lúgubres presságios, cuja escalada encontra-se primorosamente descrita em Matarazzo. Varano, presente, transformou-os em realidade de maneira diabólica, iludindo Grifone com a perspectiva da soberania absoluta e com um imaginário relacionamento entre sua esposa, Zenobia, e Gianpaolo; por fim, distribuiu-se a cada conspirador sua vítima específica. (Os Baglioni moravam em casas separadas, a maior parte delas localizada onde hoje se encontra o castelo.) Dotou-se cada um de quinze dos *bravi* disponíveis, o restante ficando encarregado da guarda. Na noite de 15 de julho, as portas foram arrombadas e Guido, Astorre, Simonetto e Gismondo foram executados; os demais conseguiram escapar.

Ao ver jazer na rua o corpo de Astorre ao lado do de Simonetto, os espectadores, "sobretudo os estudantes estrangeiros", compararam-no ao de um antigo romano, tão digna e grandiosa era a vista; em Simonetto, viram ainda a audácia obstinada, como se mesmo a morte não o tivesse domado. Os vitoriosos, desejosos de recomendarem-se a si próprios, puseram-se a circular entre os amigos da família, encontrando-os, porém, todos em lágrimas, ocupados com os preparativos da partida para suas terras no campo. Fora de Perugia, contudo, os Baglioni que haviam logrado escapar reuniram homens e, no dia seguinte — Gianpaolo à frente —, penetravam na cidade, onde novos partidários, pessoas ameaçadas de morte por Barciglia, rapidamente se juntaram a eles; quando, junto a Santo Ercolano, Grifone caiu-lhe nas mãos, Gianpaolo deixou a seus homens a incumbência de matá-lo; Barciglia e Penna, no entanto, fugiram para Camerino, ao encontro do principal instigador da desgraça, Varano; num átimo, quase sem perdas, Gianpaolo era o soberano da cidade.

Atalanta, a ainda bela e jovem mãe de Grifone — que, juntamente com a esposa deste último, Zenobia, e dois filhos de Gianpaolo, se retirara para o campo no dia anterior e que, mais de uma vez, repelira o filho com uma maldição —, veio, então, acompanhada da nora, à procura do filho moribundo. Diante das duas mulheres, todos abriam passagem; ninguém desejava ser reconhecido como aquele que teria apunhalado Grifone, para não atrair para si a maldição da mãe. Enganavam-se, contudo; ela própria suplicou ao filho que perdoasse aquele que lhe desferira o golpe mortal, e Grifone expirou, então, sob suas bênçãos. Respeitosas, as pessoas seguiam com os olhos as duas mulheres a atravessar a praça com seus vestidos ensanguentados. Foi para essa Atalanta que, mais tarde, Rafael pintou o seu mundialmente famoso *Sepultamento*. Assim, ela depositou seu próprio sofrimento aos pés da mais elevada e sagrada dor materna.

A catedral, que assistira em suas proximidades a toda essa tragédia, foi lavada com vinho e novamente consagrada. O arco do triunfo, erigido para o casamento, permaneceu ainda em pé, adornado com os feitos de Astorre e os versos de louvor daquele que nos narra todo esse episódio: o bom Matarazzo.

Na qualidade de mero reflexo desse horror, teve origem toda uma legendária pré-história dos Baglioni, segundo a qual os membros dessa casa teriam tido, desde sempre, uma morte terrível; 27 deles haviam, certa feita, morrido de uma só vez; no passado suas casas tinham sido demolidas, os tijolos utilizados para pavimentar as ruas, e assim por diante. Sob Paulo III teve lugar, então, verdadeiramente, a demolição de seus palácios.

Por algum tempo, porém, os Baglioni parecem ter tomado decisões benéficas, estabelecendo a ordem entre seus próprios partidários e protegendo os funcionários municipais contra os malfeitores da nobreza. Mais tarde, contudo, a maldição de fato irrompe novamente, feito um incêndio apenas aparentemente debelado. Em 1520, sob Leão X, Gianpaolo foi atraído a Roma e decapitado. Um de seus filhos, Oragio, que tomou Perugia, mas apenas temporariamente e sob circunstâncias as mais violentas (como partidário do duque de Urbino, igualmente ameaçado pelos papas), assolou ainda uma vez medonhamente a própria casa. Um tio e três primos seus foram assassinados, ao que o duque lhe mandou dizer um basta. Seu irmão, Malatesta Baglioni, é o general florentino tornado imortal pela traição de 1530, e o filho deste, Ridolfo, aquele último representante da casa que, em 1534, tendo assassinado o legado e os funcionários municipais perugianos, exerceu seu breve mas terrível domínio sobre a cidade.

Voltaremos, aqui e ali, a nos encontrar com os déspotas de Rimini. Disposição criminosa, impiedade, talento bélico e elevada formação raramente se apresentaram reunidos em um único homem como em Sigismondo Malatesta (morto em 1467). Onde, porém, os crimes se acumulam, como ocorreu nessa casa, eles se sobrepõem até mesmo ao talento, arrastando os tiranos para o abismo. O já citado Pandolfo, neto de Sigismondo, manteve-se firme apenas porque Veneza, a despeito de todos os crimes, não desejava a queda de seu condottiere. Embora maculado pelo fratricídio e por toda sorte de atrocidades, quando seus súditos, munidos de razões suficientes para tanto, bombardearam-lhe o castelo em Rimini (1497), deixando-o escapar, um comissário veneziano trouxe Pandolfo de volta. Três decênios mais tarde, os

Malatesta eram pobres banidos. Os anos em torno de 1527 representaram, como os de César Borgia, uma epidemia para essas pequenas dinastias; pouquíssimas sobreviveram, e sequer se pode dizer que para o seu bem. Em 1533, encontrava-se em Mirandola, dominada por pequenos príncipes da casa dos Pico, um pobre erudito, Lilio Gregorio Giraldi, que se refugiara da devastação de Roma junto ao calor hospitaleiro do já bastante idoso Giovanni Francesco Pico (sobrinho do célebre Giovanni). De suas conversas com o príncipe acerca do túmulo que este queria mandar erigir para si, teve origem um tratado cuja dedicatória data de abril daquele mesmo ano. Quão melancólico soa o pós-escrito: "Em outubro desse mesmo ano o desafortunado príncipe foi privado de sua vida e trono por um assassinato noturno de autoria do filho de seu irmão; tendo eu próprio escapado por um triz, vivo hoje na mais profunda miséria".

Não vale a pena examinar mais de perto uma semitirania desprovida de caráter como a exercida por Pandolfo Petrucci, a partir da década de 1490, em uma Siena dilacerada por facções diversas. Insignificante e malévolo, ele governou com o auxílio de um professor de direito e de um astrólogo, vez por outra espalhando o terror por meio de assassinatos. Sua diversão de verão era fazer rolar blocos de pedra pelo monte Amiata, sem se importar com o que ou quem eles atingiam. Após ter obtido sucesso onde os mais sagazes colheram apenas insucessos — Pandolfo escapou às perfídias de César Borgia —, morreu abandonado e desprezado. Seus filhos, entretanto, mantiveram ainda longamente uma espécie de semissoberania.

As dinastias maiores

Dentre as dinastias mais importantes, cumpre examinar separadamente a dos aragoneses. O regime feudal que

ali perdura desde a época dos normandos, sob a forma
de uma suserania dos barões, empresta já a seu Estado
uma coloração singular, visto que no restante da Itália
— excetuando-se a porção meridional do Estado pontifício e outras poucas regiões — vigora já, quase exclusivamente, a pura e simples propriedade fundiária, e
o Estado não mais admite a hereditariedade de poderes. O grande Afonso (morto em 1458), que desde 1435
se apossara de Nápoles, revela natureza distinta da de
seus descendentes, reais ou supostos. Brilhante em toda
a sua existência, destemido no contato direto com seu
povo, dotado de grandiosa amabilidade no convívio com
as pessoas e não recriminado nem mesmo por sua tar-
dia paixão por Lucrezia d'Alagna — que, ao contrário,
granjeou-lhe admiração —, Afonso possuía o solitário
defeito da prodigalidade, deste decorrendo as inevitáveis
consequências. De início, criminosos encarregados das
finanças tornaram-se todo-poderosos, até que o rei, le-
vado à bancarrota, roubou-lhes de sua fortuna. Como
pretexto para tributar o clero, pregou-se uma cruzada
e, por ocasião de um grande terremoto nos Abruzos, os
sobreviventes foram obrigados a seguir pagando tributos pelos mortos. Sob tais condições, Afonso foi o mais
esplendoroso anfitrião de convidados ilustres de seu
tempo, feliz com a infindável gastança que beneficiava
todos, inclusive seus inimigos. Para empreendimentos li-
terários, ele desconhecia qualquer medida, tanto assim
que Poggio recebeu quinhentas moedas de ouro pela tradução para o latim da *Ciropedia*, de Xenofonte.

Ferrante, que o sucedeu, era tido por seu bastardo
com uma dama espanhola, mas é bem possível que tenha sido gerado por uma marrana de Valência. O que
quer que o tenha feito sombrio e cruel — seu próprio
sangue ou as conjuras dos barões a ameaçar-lhe a existência —, Ferrante é o mais terrível dentre os príncipes
seus contemporâneos. Incansavelmente ativo, reconheci-

do como uma das mais poderosas cabeças políticas de seu tempo e sem ser libertino, ele concentrava todas as suas forças na aniquilação de seus opositores, inclusive a força da memória, que nada perdoava, e a de uma profunda capacidade de simulação. Ultrajado de todas as formas que um príncipe pode sê-lo, visto que os chefes dos barões, embora seus parentes, aliavam-se a todos os seus inimigos externos, Ferrante habituou-se ao extraordinário como se se tratasse de algo cotidiano. A provisão dos meios para a luta contra os barões e para suas guerras externas ficou novamente a cargo daquele artifício maometano já empregado outrora por Frederico II: o comércio de óleo e grãos era feito exclusivamente pelo governo. A totalidade do comércio, aliás, Ferrante a centralizara nas mãos de um grande mercador, Francesco Coppola, que com ele dividia os lucros e pôs a seu serviço todos os armadores; empréstimos compulsórios, execuções e confisco, simonia escancarada e espoliação das corporações eclesiásticas proveram o restante. Além de caçar, atividade que praticava de maneira inescrupulosa, Ferrante permitia-se ainda duas outras formas de prazer: ter próximos de si seus adversários — vivos, em cárceres bem vigiados, ou mortos e embalsamados, trajando as vestes que carregavam em vida. Ria-se furtivamente ao falar dos prisioneiros a seus confidentes; nem sequer fazia segredo de sua coleção de múmias. Suas vítimas eram quase exclusivamente homens dos quais se apoderava por meio da traição, até mesmo à mesa real. Absolutamente infernal foi sua conduta para com o primeiro-ministro Antonello Petrucci, que, a seu serviço, tornara-se taciturno e doente; Ferrante recolhia continuamente as prendas que este, em decorrência de um crescente medo da morte, lhe oferecia, até que, por fim, uma aparente participação do ministro na derradeira conspiração dos barões deu a Ferrante o pretexto para prendê-lo e executá-lo, juntamente com Coppola. A

maneira pela qual tudo isso encontra-se descrito em Ca-
racciolo e em Porzio é de deixar os cabelos em pé.

Dos filhos do rei, o primogênito desfrutou uma espécie de cogoverno, mais para o final do reinado do pai.
Trata-se de Afonso, duque da Calábria, um libertino selvagem e atroz que tinha sobre o pai a vantagem de uma
franqueza maior, não se intimidando em demonstrar às
claras o desprezo que sentia pela religião e suas práticas.
Não se há de procurar nesses príncipes os traços mais
nobres e vívidos da tirania da época; o que eles tomam
para si da cultura e da arte de outrora serve ao luxo
e à ostentação. Até os espanhóis genuínos mostram-se
na Itália quase sempre degenerados. Mas é sobretudo o
ocaso dessa casa de marranos (1494 e 1503) que exibe
visível falta de estirpe. Ferrante morre em decorrência
de suas preocupações e tormentos interiores; Afonso alimenta a suspeita de traição por parte de seu próprio irmão Federigo, a única boa alma da família, ultrajando-
-o da maneira mais indigna; por fim, desnorteado, foge
para a Sicília — ele, que até então era tido como um dos
mais competentes comandantes da Itália —, deixando o
filho, o jovem Ferrante, como presa dos franceses e da
traição generalizada. Uma dinastia que governava dessa
maneira teria, no mínimo, de ter cobrado mais caro pela
própria vida, caso seus filhos e descendentes pretendes-
sem alimentar esperanças de uma futura restauração.
Contudo, como afirma Comines, decerto com alguma
parcialidade, mas, de uma forma geral, com correção,
"jamais homme cruel ne fut hardi" [um homem cruel
nunca é audaz].

No espírito do século xv, é nos duques de Milão que
o principado se apresenta sob forma genuinamente italiana, duques cujo governo constitui já, desde Giovanni
Galeazzo, uma monarquia absoluta plenamente desen-
volvida. Sobretudo o último Visconti, Filippo Maria
(1412-47), compõe uma personalidade altamente notável

e, felizmente, retratada com primor [Petri Candidi De-
cembrii, *Vita Phil. Mariae Vicecomitis*, in Muratori, v.
xx]. Nele, verifica-se com precisão matemática, poder-
-se-ia dizer, o que o medo pode fazer de um homem dotado de consideráveis habilidades e situado em posição
elevada. Meios e fins do Estado concentram-se todos na
garantia a sua pessoa, mas, ainda assim, seu extremo
egoísmo não se converteu em sede de sangue. Encerrado
no castelo de Milão, cercado, pois, dos mais magníficos
jardins, pérgulas e parques, ele ali permanece anos a fio
sem sequer pisar na cidade, realizando excursões apenas
para o campo, onde se localizam seus suntuosos caste-
los. A flotilha que, puxada por cavalos velozes, para lá
o conduz por canais construídos especificamente para
esse fim, foi arranjada de modo a permitir a aplicação
de todas as regras da etiqueta. Quem adentrava o castelo era observado por centenas de olhos; ninguém deveria postar-se junto à janela, de modo a impedir que
se acenasse para fora. Um sistema de provas rigorosamente planejado era aplicado àqueles que deveriam ser
admitidos ao convívio pessoal do príncipe; a estes ele
confiava, então, tanto as mais elevadas missões diplomáticas quanto tarefas ordinárias, uma vez que ambos
os serviços eram ali igualmente honrosos. E, no entanto,
esse mesmo homem conduziu longas e difíceis guerras
e teve incessantemente de dotar seus enviados de ple-
nos e abrangentes poderes. Sua segurança assentava no
fato de que nenhum de seus homens confiava em quem
quer que fosse, além do que seus condottieri, bem como
os intermediários e altos funcionários, eram mantidos
distantes um do outro e confusos — os primeiros, vigiados por espiões, os últimos, vítimas da discórdia en-
genhosamente alimentada, mais exatamente mediante a
associação de um homem honesto a um patife. Mesmo
em seu íntimo, Filippo Maria procura proteção em duas
visões de mundo opostas: ao mesmo tempo que crê nos

astros e na necessidade cega, ora também para todos os santos salvadores; lê autores da Antiguidade e romances franceses de cavalaria. E, por fim, esse mesmo homem — que jamais admitia menção à morte em sua presença e mandava retirar do castelo até mesmo seus favoritos, se moribundos, para que sombra alguma pairasse sobre a sorte de seus habitantes — apressou deliberadamente a própria morte quando, ao fechar-se-lhe uma ferida, ele se recusou a se submeter a uma sangria, perecendo com garbo e dignidade.

Seu genro e herdeiro, o afortunado condottiere Francesco Sforza (1450-66), foi, talvez, de todos os italianos, o homem que em maior grau correspondeu ao coração de sua época, o século XV. Em nenhum outro manifestou-se com maior brilho o triunfo do gênio e da força do indivíduo, e mesmo aqueles que não se mostravam dispostos a reconhecê-lo tiveram, ainda assim, de admirar nele o preferido da fortuna. Milão recebeu evidentemente como uma honra o fato de dispor ao menos de tão célebre soberano; afinal, por ocasião de sua entrada na cidade, a espessa multidão conduziu-o a cavalo até o interior da catedral, não permitindo sequer que desmontasse. Ouçamos o balanço de sua vida, conforme o avalia o papa Pio II, um especialista nessas questões [Pio II, *Comentários*]:

No ano de 1459, quando o duque veio a Mântua para o congresso dos príncipes, contava ele sessenta (na verdade, 58) anos de idade; montado em seu cavalo, ele se assemelhava a um jovem; figura alta e extremamente imponente, de traços graves, calmo e afável ao falar, principesco no conjunto de sua conduta, sem-par em nosso tempo em sua aptidão física e intelectual e invicto no campo de batalha — foi esse homem que ascendeu de uma posição inferior ao governo de um império. Sua esposa era bela e virtuosa; seus filhos, graciosos como anjos celestiais; doenças, raras vezes as conheceu: todos os seus desejos essenciais foram atendidos. Não obstante, também ele conheceu alguma desventura. Por ciúme, sua esposa matou-lhe a amante; Troilo e Brunoro, seus amigos e companheiros nas armas, abandonaram-no, passando-se para o lado do rei Afonso; um outro, Ciarpollone, teve ele de mandar enforcar por traição; teve ainda de ver o próprio irmão instigando contra ele os franceses; um de seus filhos tramou intrigas contra o pai e foi preso; as fronteiras de Ancona, que conquistara pela guerra, veio a perdê-las do mesmo modo. Ninguém desfruta de felicidade tão imaculada que não tenha alguma vez de lutar contra instabilidades. Feliz daquele que enfrenta poucas adversidades.

Com essa definição negativa de felicidade, o sábio papa abandona seu leitor. Tivesse ele podido lançar um olhar para o futuro, ou ainda, porventura, pretendido explicar ao menos as consequências de um poder principesco absolutamente ilimitado, não lhe teria escapado uma patente constatação: a ausência de garantias no tocante à própria família. Aqueles filhos de beleza angelical e, mais do que isso, de uma formação cuidadosa e multifacetada, ao se tornarem homens maduros, sucumbiram à completa degeneração do egoísmo desmedido. Galeazzo Maria (1466-76), um virtuose das aparências, tinha orgulho de suas belas mãos, dos altos soldos que pagava, do crédito de que desfrutava, de seu tesouro de 2 milhões de moedas de ouro, das renomadas personalidades que o circundavam, do exército e da falcoaria que mantinha. Tinha prazer em se ouvir falando, porque falava bem e, talvez, com a máxima fluência quando tinha oportunidade de insultar, por exemplo, um emissário veneziano. Vez por outra, tinha também caprichos, como o de mandar pintar, em uma única noite, um aposento inteiro com figuras; cometeu atrocidades medonhas contra pessoas

que lhe eram próximas, além de excessos levianos. A alguns entusiastas, pareceu possuir todas as qualidades de
um tirano; eles o mataram, entregando assim o Estado
nas mãos de seus irmãos, um dos quais — Ludovico, o
Mouro —, posteriormente, preterindo o sobrinho apri-
sionado, arrebatou para si o governo. É dessa usurpação
que decorre, em seguida, a intervenção dos franceses e
o infortúnio de toda a Itália. Ludovico é, porém, o mais
perfeito caráter principesco do período, o que o faz parecer um produto da natureza ao qual não se é inteiramente
capaz de condenar. Em que pese a profunda imoralidade
de seus meios, ele se mostra totalmente ingênuo na sua
aplicação; teria, provavelmente, ficado bastante surpre-
so se alguém tivesse pretendido tornar-lhe compreensível
a existência de uma responsabilidade moral não apenas
no tocante aos fins, mas também no que diz respeito aos
meios; teria mesmo, talvez, querido fazer valer o pouco
uso que, na medida do possível, fez da sentença de morte
como uma virtude muito especial. O respeito semimítico
dos italianos por sua capacidade política, ele o aceita-
va como um merecido tributo; ainda em 1496, Ludovico gabava-se de ter o papa Alexandre como seu capelão,
o imperador Max como seu condottiere, Veneza como
seu camarista, e o rei da França como seu mensageiro,
obrigado a ir e vir conforme lhe aprouvesse. Demons-
trando uma espantosa capacidade de reflexão, ele ponde-
ra ainda, em face da mais premente necessidade (1499),
as possíveis saídas, fiando-se enfim, para sua honra, na
bondade da natureza humana. Repele o irmão, o cardeal
Ascanio, que se prontifica a permanecer no castelo de
Milão, em razão de amargas querelas do passado: "Monsignore, não levai a mal, mas não confio em vós, ainda
que sejais meu irmão". Havia já escolhido um comandante para seu castelo, uma "garantia de seu regresso",
um homem a quem jamais fizera o mal, somente o bem, e
que, não obstante, entregaria o castelo em seguida.

No plano interno, Ludovico esforçou-se por realizar uma administração boa e proveitosa, contando sempre com sua popularidade não só em Milão como também em Como. A partir de 1496, entretanto, sobrecarregara em demasia a capacidade tributária de seu Estado, e, em Cremona, por exemplo, mandara enforcar em segredo e por pura conveniência um cidadão respeitado que se manifestara contra os novos impostos. A partir de então, nas audiências que concedia, passou a manter as pessoas afastadas de si por uma barra, de modo que estas precisavam falar bem alto para poder tratar com ele seus assuntos. Em sua corte — a mais esplendorosa da Europa, uma vez que a de Borgonha não mais existia —, grassava extrema imoralidade: o pai entregava a filha; o marido, a esposa; o irmão, a irmã. O príncipe, porém, permaneceu sempre ativo e, como cria de seus feitos, via--se aparentado àqueles que viviam igualmente de seus próprios recursos intelectuais: os eruditos, literatos, músicos e artistas. A academia fundada por Ludovico existe, antes de mais nada, em função dele próprio, e não da formação de discípulos; o príncipe tampouco necessita da glória daqueles que o cercam, mas sim de sua proximidade e de suas realizações. É certo que Bramante foi, de início, parcamente remunerado; Leonardo, no entanto, o foi à altura até 1496 — e o que, afinal, o prendeu a essa corte, senão a vontade própria? O mundo estava aberto para ele como talvez para nenhum outro mortal à sua época, e se algo corrobora a presença viva de um elemento superior na natureza de Ludovico, o Mouro, esse algo é a longa permanência do enigmático mestre em sua proximidade. Se, mais tarde, Leonardo serviu a César Borgia e Francisco I, terá também neles apreciado a natureza extraordinária.

Dos filhos de Ludovico, mal educados por estranhos após a sua queda, o mais velho, Maximiliano, já não se parece nem um pouco com o pai. Francisco, o caçula, ao

menos não era incapaz de alçar-se a alturas maiores. Milão, que nessa época tantas vezes trocou de mãos, sendo
por isso vítima de interminável sofrimento, procura pelo
menos garantir-se contra as reações adversas. Em 1512,
batendo em retirada diante do exército da Santa Liga e
de Maximiliano, os franceses são convencidos a firmar
uma declaração inocentando os milaneses de qualquer
participação em sua expulsão e autorizando-os a, sem
incorrer em crime de rebelião, entregar-se a um novo
conquistador. Politicamente, deve-se atentar também
para o fato de que, em tais momentos de transição, a
desafortunada cidade era vítima constante da pilhagem
por bandos de malfeitores (alguns, inclusive, bastante
nobres) — precisamente como Nápoles, por exemplo,
quando da fuga dos aragoneses.

Na segunda metade do século xv, dois domínios
particularmente bem estruturados e representados por
príncipes hábeis são o dos Gonzaga, de Mântua, e o dos
Montefeltro, de Urbino. Já a vida familiar dos primeiros
era relativamente harmoniosa; em seu seio, havia muito tempo que não ocorriam mais quaisquer assassinatos
recônditos e eles podiam exibir seus mortos. O marquês
Francesco Gonzaga* e sua consorte, Isabella d'Este,
permaneceram sempre um casal respeitável e unido, por
mais que seu comportamento tenha por vezes revelado
certa liberdade de costumes. Criaram filhos notáveis e
afortunados em uma época na qual seu Estado, pequeno mas altamente importante, via-se com frequência à

* Nasceu em 1466; seu noivado com Isabella, que contava
então seis anos de idade, ocorreu em 1480; foi sucedido no
trono em 1484; casou-se em 1490 e morreu em 1519. Isabella
morreu em 1539. Seus filhos: Federigo, 1519-40, feito duque
em 1530, e o célebre Ferrante Gonzaga.

beira dos maiores perigos. Que Francesco, na condição
de príncipe e condottiere, viesse a seguir uma política de
particular retidão e honestidade, não o teria exigido, ou
mesmo esperado, à época nem o imperador, nem os reis
da França, nem Veneza. Pelo menos desde a batalha de
Taro (1495), porém, ele se sentia, no tocante à honra militar, um patriota italiano e transmitia esse mesmo sentimento a sua esposa. Esta recebe, a partir de então, cada
manifestação de heroica lealdade — como, por exemplo, a defesa de Faenza contra César Borgia — como
uma defesa da honra italiana. Nosso juízo a seu respeito não necessita apoiar-se nos artistas e escritores que
souberam recompensar fartamente o mecenato da bela
princesa; suas próprias cartas já bastam para nos reve-
lar uma mulher de inabalável serenidade, espirituosa e
amável em suas observações. Bembo, Bandello, Ariosto
e Bernardo Tasso enviaram suas obras para essa corte,
ainda que pequena, desprovida de poder e tendo seus cofres amiúde bem vazios. Desde a desagregação da antiga
corte de Urbino (1508), não havia mais em parte alguma
um círculo social mais refinado do que o de Mântua,
decerto suplantando no essencial — a liberdade de movimento — até mesmo a corte de Ferrara. Isabella tinha um
conhecimento particularmente apurado da arte: aprecia-
dor algum lerá sem emoção o catálogo de sua pequena
mas selecionadíssima coleção.

Urbino teve no grande Frederico (1444-82) — tenha
ele sido um verdadeiro Montefeltro ou não — um dos
mais primorosos de todos os príncipes. Como condottiere, compartilhava da moral política de seus pares — uma
característica de que não se pode culpá-los senão parcialmente; como príncipe de seu pequeno território, seguia
a política de empregar nele o soldo ganho no exterior,
tributando-o o menos possível. Dele, e de ambos os seus

sucessores — Guidobaldo e Francesco Maria —, diz-se
[F. Vettori, *Archivio storico italiano*, v. vi]: "Erigiram
edificações, fomentaram o cultivo da terra, viveram na
terra que lhes cabia e deram emprego a muita gente; o
povo os amava". Mas não somente o Estado era uma
obra de arte bem planejada e organizada: também a corte
o era, e, aliás, em todos os sentidos. Frederico sustentava quinhentas pessoas; a estruturação dos cargos em sua
corte era tão completa quanto praticamente nenhuma
outra nas cortes dos grandes monarcas; nada, porém, era
desperdiçado, tudo tinha seu propósito e estava sujeito a
rigoroso controle. Ali não se jogava, não se blasfemava
nem se bravateava, já que a corte tinha de ser também
um estabelecimento de educação militar para os filhos
de outros grandes senhores, cuja formação era questão
de honra para o duque. O palácio que construiu para si
não era o mais suntuoso, mas clássico na perfeição de
sua planta; ali, ele acumulou seu maior tesouro: a famosa
biblioteca. Como vivesse em uma terra na qual o sus-
tento ou lucro de todos dele provinha e ninguém mendi-
gava, sentia-se totalmente seguro, frequentemente saindo
desarmado e quase desacompanhado; ninguém podia
imitá-lo em seus passeios pelos jardins abertos, na refeição frugal feita em salão devassado, enquanto trechos de
Lívio lhe eram lidos (ou de livros de orações, durante a
quaresma). Após a refeição, numa mesma tarde, ouvia
ainda uma preleção acerca de algum tópico relativo à
Antiguidade, dirigindo-se, então, ao convento das claris-
sas, para, através da grade do parlatório, conversar com
a madre superiora sobre assuntos religiosos. Ao entarde-
cer, no prado junto a San Francesco, com sua magnífica
vista, comandava de bom grado os exercícios físicos dos
jovens de sua corte, cuidando para que aprendessem com
perfeição os movimentos. Sua permanente aspiração con-
sistia na mais alta afabilidade e acessibilidade possíveis;
visitava aqueles que trabalhavam para ele em suas ofici-

nas, concedia frequentes audiências, atendendo, sempre que possível, no mesmo dia os pedidos que cada um lhe endereçava. Não admira que as pessoas ajoelhassem ao vê-lo passar na rua, exclamando: "Dio ti mantenga, signore!". Os bem pensantes, por sua vez, chamavam-no "a luz da Itália". Seu filho Guidobaldo — de elevadas qualidades, mas perseguido por toda sorte de doenças e infortúnios — pôde afinal entregar o Estado (1508) nas mãos seguras de Francesco Maria — sobrinho de Frederico e nepote do papa Júlio II —, e este, da mesma forma, manter o território a salvo pelo menos de dominação estrangeira permanente. Notável é a segurança com que esses príncipes se curvam e fogem, Guidobaldo diante de César Borgia e Francesco Maria diante das tropas de Leão X; ambos têm consciência de que seu retorno será tanto mais tranquilo e desejado quanto menos seu território sofrer em razão de uma defesa infrutífera. Se também Ludovico, o Mouro, assim pensava, esqueceu-se, porém, dos muitos outros motivos para o ódio a agir contra ele. A corte de Guidobaldo, enquanto elevada escola da mais refinada sociabilidade, foi imortalizada por Baldassare Castiglione, que diante dela e em sua honra representou a écloga "Tirsi" (1506), mais tarde (1508) situando ainda os diálogos de seu *Cortigiano* em meio ao círculo da erudita duquesa (Elisabetta Gonzaga).

O governo dos Este sobre Ferrara, Modena e Reggio mantém-se, de forma notável, a meio caminho entre a violência e a popularidade. No interior do palácio, acontecimentos terríveis têm lugar; em razão de um suposto adultério com um enteado, uma princesa é decapitada (1425); príncipes legítimos e ilegítimos fogem da corte, sendo ameaçados até mesmo em terra estranha por assassinos enviados em sua perseguição (1471). Acrescentem-se a isso as constantes conjurações externas; o

bastardo de um bastardo quer arrebatar o trono de seu
único herdeiro legal (Ercole i); mais tarde (1493), terá
este último envenenado a própria esposa, após descobrir
que ela tencionava envená-lo — aliás, a mando do irmão, Ferrante, de Nápoles. O fecho dessas tragédias fica
a cargo da conspiração de dois bastardos contra seus irmãos, o duque Afonso i, no poder, e o cardeal Ippolito
(1506), conspiração esta que é descoberta a tempo e ex-
piada com prisão perpétua.

Nesse Estado, o sistema fiscal é altamente desenvolvido, e tem de sê-lo, já em razão de ser ele o mais ameaçado dentre todos os Estados grandes e médios da Itália, necessitando, pois, no mais alto grau, de armas e
fortificações. Contudo, na mesma proporção em que
se elevava a capacidade tributária, dever-se-ia também
aumentar o nível de bem-estar do território; era desejo
expresso do marquês Niccolò (morto em 1441) que seus
súditos se tornassem mais ricos do que outros povos.
Se o rápido crescimento da população constitui prova
do alcance de um real nível de bem-estar, então trata-
-se de um dado efetivamente importante o fato de que
na capital, que se expandira extraordinariamente, não
havia mais casas para alugar (1497). Ferrara é a primeira
cidade moderna da Europa; ali, a um aceno dos príncipes, surgiram pela primeira vez bairros grandes, de implantação regular; uma população residente agrupou-se
ali, graças à concentração na cidade dos funcionários e
à atração para ela, por meio de artifícios diversos, de
uma indústria; ricos refugiados de toda a Itália, sobretudo florentinos, são levados a ali se fixar e construir seus
palácios. A tributação indireta, porém, deve no mínimo
ter atingido um nível de desenvolvimento no limite do
suportável. Por certo, o príncipe prestava assistência aos
desamparados, como o faziam à época outros déspotas
italianos, como Galeazzo Maria Sforza, por exemplo.
Quando havia fome, mandava trazer de longe cereais,

distribuindo-os, ao que parece, gratuitamente; em tempos normais, porém, ressarcia-se por meio do monopólio, se não dos cereais, certamente de muitos outros gêneros alimentícios: carne salgada, peixes, frutos, legumes — os últimos, plantados cuidadosamente nos e junto dos valados de Ferrara. A receita mais importante, contudo, provinha da venda de cargos públicos, cujos titulares eram renovados anualmente — um costume disseminado por toda a Itália, mas de cuja prática em Ferrara estamos mais bem informados. Por ocasião do Ano-Novo, em 1502, por exemplo, consta que a maioria comprou seus cargos a preços salgados (*salati*); funcionários de diversos tipos são mencionados — coletores alfandegários, administradores de territórios (*massari*), notários, *podestà*, juízes e mesmo *capitani* —, ou seja, governadores ducais de cidades de província. Citado entre esses "devoradores de gente" que pagaram caro por seus cargos — e aos quais o povo odeia "mais do que ao diabo" —, encontra-se um Tito Strozzi, oxalá outro que não o célebre poeta. Por essa mesma época do ano, o duque, qualquer que fosse, costumava dar pessoalmente uma volta por Ferrara — o assim chamado "andar per ventura" —, fazendo-se presentear ao menos pelos súditos mais abastados. A oferenda, porém, não era em dinheiro, mas somente em produtos naturais.

O orgulho do duque, entretanto, era que toda a Itália soubesse que, em Ferrara, os soldados recebiam seu soldo e os professores da universidade seu salário sempre em dia; que não se permitia aos soldados tirar proveito arbitrariamente de cidadãos e camponeses; que Ferrara era inexpugnável e que o castelo abrigava uma portentosa soma em moeda. De uma separação dos cofres, não havia qualquer sinal: o ministro das Finanças era, ao mesmo tempo, o ministro responsável pela administração do palácio. Borso (1430-71), Ercole 1 (até 1505) e Afonso 1 (até 1534) construíram numerosas edificações, em sua maior parte, porém, de reduzida envergadura, o que aponta para uma casa principesca que, em todo o seu gosto pelo esplendor — Borso jamais aparecia em público sem que estivesse vestido com ouro e joias —, não deseja entregar-se a dispêndios incalculáveis.* Afonso possivelmente sabia que suas pequenas e graciosas vilas sucumbiriam aos acontecimentos futuros — tanto Belvedere, com seus umbrosos jardins, quanto Montana, com seus belos afrescos e fontes.

É inegável que a situação de perigos constantes a que estavam expostos desenvolveu nesses príncipes uma grande habilidade pessoal. Só um virtuose podia mover-se em meio a uma existência tão artificial, e cada um precisava justificar-se e demonstrar-se merecedor de sua soberania. Suas personalidades possuem aspectos totalmente obscuros, mas em cada um deles havia algo daquilo que compunha para os italianos o ideal. Que príncipe europeu de então dedicou-se tanto à própria formação quanto, por exemplo, Afonso I? A viagem deste à França, Inglaterra e aos Países Baixos foi uma verdadeira viagem de estudos, conferindo-lhe conhecimento mais preciso do comércio e da indústria daqueles países.** É insensato censurar-lhe os trabalhos de tornearia de seus momentos de lazer, pois estes vinculavam-se diretamente a sua maestria na fundição de canhões e a sua maneira isenta de preconceitos de rodear-se dos mes-

---

* Embora Borso tenha construído, entre outras coisas, a cartuxa de Ferrara, que, afinal, pode ser considerada uma das mais belas edificações desse tipo da Itália de então.

** A esse respeito, pode-se mencionar também a viagem de Leão x como cardeal. Seu propósito era menos sério, voltado mais para a distração e o conhecimento do mundo, de uma forma geral — no que, aliás, era inteiramente moderno. À época, nenhum habitante do Norte viajava munido unicamente de tais objetivos.

tres de cada ofício. Ao contrário dos príncipes do Norte
seus contemporâneos, os italianos não estão restritos ao
convívio com uma nobreza que se vê a si própria como
a única classe do mundo digna de consideração, enre-
dando os príncipes nessa mesma presunção; na Itália,
o príncipe pode e deve conhecer a todos e precisar de
todos, e, se também ali a nobreza compõe um círculo
isolado em função de sua origem, ela se pauta, no naví-
vio social, pelo mérito pessoal e não pelo de casta — assunto de que voltaremos a tratar mais adiante.

A disposição da população de Ferrara em relação a
essa casa de soberanos compõe-se da mais notável mis-
tura de um pavor silente, daquele espírito genuinamente italiano da demonstração bem calculada de seus sen-
timentos e de uma lealdade absolutamente moderna. A
admiração pessoal transforma-se num novo senso de de-
ver. Em 1451, a cidade de Ferrara erigiu em sua *piazza*
uma estátua equestre em bronze em honra do falecido
(1441) príncipe Niccolò; Borso não se intimida em colocar,
nas proximidades desta, sua própria estátua em bronze
(1454), além do que a cidade decretara, logo no princípio
de seu governo, a construção de uma "coluna triunfal em
mármore" em sua homenagem. Um habitante de Ferrara
que, no exterior — em Veneza —, falara mal publicamente de Borso é denunciado ao regressar e condenado pelo
juiz ao exílio e a ter seus bens confiscados, sendo inclusive
quase morto por um cidadão leal diante do tribunal. Já
com a corda no pescoço, ele então se dirige ao duque,
implorando perdão total por sua ofensa. Acima de tudo,
essa casa principesca encontra-se bem provida de espias, e
o duque em pessoa verifica diariamente o informe acerca
dos estrangeiros que as hospedarias estão rigorosamente
obrigadas a apresentar-lhe. No caso de Borso, poder-se-á
ainda vincular tal prática a sua hospitalidade — ele não
desejava deixar partir qualquer viajante importante sem
antes prestar-lhe as devidas honras —, mas, no que diz

respeito a Ercole i, tratava-se pura e simplesmente de uma medida de segurança. Também em Bolonha, à época sob Giovanni ii Bentivoglio, cada estrangeiro de passagem tinha de obter um documento ao entrar por um portão da cidade para poder, depois, sair pelo outro.

Altamente popular torna-se o príncipe quando derruba funcionários opressores: quando Borso prende pessoalmente seus principais e mais íntimos conselheiros; quando Ercole i depõe, expondo-o à vergonha, um coletor que por longos anos se locupletara, o povo, alegre, acende fogueiras e faz repicar os sinos. Houve um caso, porém, no qual Ercole permitiu que as coisas fossem longe demais: o de seu chefe de polícia, ou como se queira chamá-lo (*capitano di giustizia*), Gregorio Zampante, de Lucca (sim, pois para postos dessa natureza não eram apropriados os nativos). Diante deste, até mesmo os filhos e irmãos do duque tremiam; as multas que aplicava atingiam sempre a casa das centenas, milhares de ducados, e a tortura tinha início antes mesmo do interrogatório. Zampante deixava-se subornar pelos maiores criminosos, ganhando-lhes, por meio de mentiras, o perdão do duque. Com que prazer não teriam os súditos pago ao duque 10 mil ducados ou mais para que destituísse esse inimigo de Deus e do mundo! Ercole, contudo, o fizera seu compadre e o tornara *cavaliere*. E, a cada ano, Zampante desviava 2 mil ducados; verdade que, agora, comia unicamente pombos criados em sua própria casa e não saía mais à rua sem um bando de besteiros e esbirros a acompanhá-lo. Estava na hora de liquidá-lo. Foi então que dois estudantes e um judeu batizado — aos quais injuriara mortalmente — o mataram (1496) em sua própria casa, durante a sesta, saindo depois pela cidade em seus cavalos, já à espera para esse fim, a proclamar: "Saiam todos! Venham! Nós matamos Zampante!". Os homens enviados em seu encalço chegaram tarde demais, quando os três já se encontravam em segurança, do outro lado da fronteira, próxima dali. Naturalmente, choveram pasquins, uns em forma de soneto, outros, de *canzone*.

Por outro lado, bem de acordo com o espírito dessa casa principesca, o soberano impunha igualmente à corte e à população sua alta estima por servidores valorosos. Quando, em 1469, Lodovico Casella, conselheiro privado de Borso, morreu, proibiu-se aos tribunais, ao comércio da cidade e aos auditórios da universidade que permanecessem abertos no dia do funeral; todos deveriam acompanhar o corpo até San Domenico, porque o próprio duque o faria. De fato, vestindo luto e chorando, ele seguiu o caixão — "o primeiro da casa dos Este a acompanhar o corpo de um súdito"; atrás dele, os parentes de Casella, cada um conduzido por um senhor da corte; nobres carregaram o corpo do cidadão comum da igreja até o claustro, onde foi sepultado. Foi nesses Estados italianos que, pela primeiríssima vez, manifestou-se a simpatia oficial dos súditos para com as emoções de um príncipe. Em sua essência, essa simpatia pode encerrar belo valor humano, mas sua expressão, sobretudo nos poetas, é em geral dúbia. Um dos poemas da juventude de Ariosto, acerca da morte de Leonora de Aragão, esposa de Ercole I, contém já, além das inevitáveis flores do pesar, comuns a todos os séculos, alguns traços totalmente modernos. Diz ele que

essa morte desferira um golpe em Ferrara do qual esta não se recuperaria em muitos e muitos anos; sua benfeitora tornara-se agora sua intercessora no céu, já que a terra dela não fora digna; decerto a deusa da morte dela não se aproximara como o faz de nós, comuns mortais, com sua foice sangrenta, mas da maneira apropriada [*onesta*] e com semblante tão amigável que todo o medo ter-se-á dissipado.*

* Indubitavelmente, o poeta, então aos dezenove anos, desconhecia a causa dessa morte (v. p. 74).

Mas deparamo-nos também com manifestações bastante diversas de simpatia. Novelistas aos quais importava sobretudo o favor das casas em questão, com o qual contam, narram-nos as histórias de amor dos príncipes, por vezes estando estes ainda em vida, e o fazem de um modo que aos séculos posteriores pareceria o cúmulo da indiscrição, mas que outrora era encarado como uma amabilidade inofensiva. Poetas cantam as paixões passageiras de seus elevados — e legitimamente casados — senhores: Angelo Poliziano, as de Lourenço, o Magnífico, e Gioviano Pontano, com particular ênfase, as de Afonso da Calábria. O poema em questão revela involuntariamente a alma medonha do aragonês: também nesse terreno ele tem de ser o mais afortunado, do contrário, ai daqueles que tivessem maior sorte! Desnecessário dizer que os grandes pintores, como Leonardo, por exemplo, retratavam as amantes de seus senhores.

A casa de Este, por sua vez, não ficou esperando que outros a enaltecessem, mas enalteceu-se a si mesma. No palácio Schifanoia, Borso fez-se retratar em uma série de atos de seu governo, e Ercole comemorou o aniversário do seu (o primeiro, em 1472) com uma procissão que foi expressamente comparada à de Corpus Christi: todas as lojas permaneceram fechadas, como num domingo; no meio do cortejo, toda a casa de Este, até mesmo os bastardos, desfilava com vestes adornadas de ouro. Que todo o poder e a dignidade emanam do príncipe, constituem uma distinção por ele conferida, expressava-o nessa corte, já havia muito tempo e de forma emblemática, a existência de uma Ordem do Esporão Dourado, que nada mais tinha em comum com a cavalaria medieval. Ercole I acrescentou ao esporão uma espada, um manto bordado a ouro e uma dotação, em troca do que uma prestação regular de serviços era, sem dúvida, exigida.

O mecenato, que tornou a corte dos Este mundialmente famosa, estava ligado em parte à universidade —

que contava entre as mais completas da Itália —, em parte a cargos no serviço da corte e do Estado: dificilmente requeria sacrifícios especiais. Boiardo, na qualidade de nobre e rico senhor de terras e alto funcionário, pertenceu exclusivamente a essa categoria. Quando Ariosto começou a se tornar alguém, já não existiam as cortes milanesa e florentina, ao menos no verdadeiro sentido da palavra, e logo não haveria mais a corte de Urbino, para não falar na de Nápoles; Ariosto contentou-se, então, com um lugar entre os músicos e bufões do cardeal Ippolito, até que Afonso o acolhesse em seu serviço. Algo diferente se deu, mais tarde, com Torquato Tasso, por cuja posse a corte zelava com verdadeiro ciúme.

Os opositores dos tiranos

Em face desse poder concentrado dos príncipes, toda e qualquer resistência no interior do Estado estava fadada ao fracasso. Os elementos para a criação de uma república municipal se haviam extinguido para sempre, tudo convergindo para o poder e o exercício da violência. A nobreza, politicamente desprovida de direitos mesmo onde ainda dispunha de propriedades feudais, podia dividir-se entre guelfos e gibelinos, fantasiar-se a si própria e a seus *bravi* com a pluma no barrete ou os chumaços nas calças, como quisesse: os bem pensantes, como Maquiavel, sabiam, sem sombra de dúvida, que Milão ou Nápoles eram por demais "corruptas" para uma república [*Discursos*, i, 17]. Estranhos julgamentos recaem sobre aqueles dois supostos partidos, que já havia tempos nada mais eram do que rivalidades familiares plantadas à sombra do poder. Um príncipe italiano, a quem Agrippa de Nettesheim aconselhou que pusesse fim a elas, respondeu: "Mas as brigas entre eles rendem-me até 12 mil ducados em multas por ano!". Quando em 1500, por exemplo —

por ocasião do breve retorno de Ludovico, o Mouro, a seus Estados —, os guelfos de Tortona chamaram para a cidade uma parcela próxima do exército francês, a fim de que desse cabo dos gibelinos, os franceses, de fato, primeiro os saquearam e arruinaram, mas em seguida fizeram o mesmo também com os próprios guelfos, até que Tortona estivesse completamente devastada. Também na Romanha, onde as paixões e as vinganças eram imortais, aqueles dois nomes haviam perdido totalmente o significado político. Contribuía ainda para a alienação política do pobre povo o fato de que os guelfos, vez por outra, se acreditassem obrigados a uma simpatia pela França e os gibelinos, por sua vez, pela Espanha. Não vejo como aqueles que exploravam essa sandice dela pudessem tirar grande proveito. A França, depois de todas as suas intervenções, sempre precisou abandonar a Itália, e o que se tornou a Espanha, após ter liquidado a Itália, sabemo-lo muito bem.

Mas voltemos aos príncipes do Renascimento. Uma alma totalmente pura teria, talvez, àquela época, argumentado que todo o poder provém de Deus e que esses príncipes, se apoiados com boa vontade e de coração aberto, teriam, com o tempo, fatalmente se tornado bons e esquecido sua origem violenta. Não se há, porém, de exigir um tal raciocínio de imaginações e índoles ardentes e apaixonadas. Como maus médicos, viram a cura da doença na eliminação do sintoma, acreditando que, uma vez assassinados os príncipes, a liberdade viria por si mesma. Ou, então, não foram assim tão longe, pretendendo apenas dar vazão ao ódio geral e disseminado, ou, ainda, somente vingar um infortúnio familiar ou ultraje pessoal. Da mesma forma como a dominação é incondicional, liberta de todas as barreiras legais, assim o são também os meios de seus adversários. Já Boccaccio proclama abertamente [*De casibus virorum illustrium*, liv. II, cap. 15]:

Devo chamar rei ou príncipe ao déspota e permanecer-lhe leal como a meu senhor? Não! Ele é inimigo de nossa vida em comum; contra ele posso me valer de armas, conspiração, espiões, ciladas, astúcia, e esse é um trabalho necessário e sagrado. Não há sacrifício mais adorável do que o do sangue de um tirano.

Dos casos individuais, não devemos aqui nos ocupar. Maquiavel, em um capítulo bastante conhecido de seus *Discursos* [III, 6], tratou das conspirações antigas e modernas, desde o velho período tirânico grego, julgando-as friamente a partir de seus diversos planos e chances de sucesso.* Permito-me aqui fazer observações acerca de dois aspectos somente: dos assassinatos cometidos durante o ofício divino e da influência da Antiguidade.

Era praticamente impossível lograr deitar a mão no bem guardado déspota, a não ser por ocasião de suas solenes idas à igreja; mais do que isso, nenhuma outra ocasião ensejava o encontro de toda a família principesca reunida. Assim foi que os fabrianeses assassinaram (1435) toda a casa reinante, a dos Chiavelli, durante uma missa solene, e, aliás, conforme o combinado, no momento em que eram proferidas as palavras do Credo: "Et incarnatus est". Em Milão, foram assassinados os duques Giovanni Maria Visconti, à entrada da igreja

---

* A descrição de conspirações é, desde muito cedo, uma paixão dos italianos. Encontramo-la já em Liutprando, pelo menos de forma mais detalhada do que em qualquer de seus contemporâneos do século X. Do século XI (1060), um exemplar significativo desse gênero representa a libertação de Messina das mãos dos sarracenos pelo normando convocado para esse fim, Rogério (in Baluz., *Miscell.*, I), para não falarmos do tratamento dramático dispensado às Vésperas Sicilianas (1282). O mesmo gosto por tais descrições, é sabido, está presente também nos historiadores gregos.

de San Gottardo (1412), e Galeazzo Maria Sforza, no interior da igreja de San Stefano (1476) — e, certa feita
(1484), Ludovico, o Mouro, só escapou dos punhais dos
partidários da enviuvada duquesa Bona por ter adentrado a igreja de Santo Ambrogio por outra porta que
não a esperada. Não havia aí qualquer propósito ímpio
em particular; pouco antes do crime, os assassinos de
Galeazzo oravam ainda ao padroeiro da igreja em questão e assistiram à primeira missa. De outra parte, uma
das causas do malogro parcial da conspiração dos Pazzi
contra Lourenço e Giuliano de Medici (1478) foi o fato
de o bandido, Montesecco, tendo já acertado cometer o
crime durante um banquete, ter se recusado a perpetrá-
-lo no interior da catedral de Florença, ao que, então,
padres "acostumados aos recintos sagrados e, em razão
disso, não se deixando intimidar", tomaram o seu lugar.

No que diz respeito à Antiguidade, cuja influência sobre as questões morais e especialmente sobre as políticas
será ainda amiúde abordada aqui, eram os próprios soberanos que davam o exemplo, na medida em que, tanto
em sua concepção de Estado quanto em sua conduta, to-
mavam frequente e manifestamente como modelo o antigo Império Romano. Da mesma forma, seus oponentes,
quando agiam munidos de conhecimento teórico, basea-
vam-se nos tiranicidas da Antiguidade. Será difícil provar
que, no essencial — na própria decisão de agir —, seu
modelo tenha desempenhado papel determinante sobre
eles, mas o apelo à Antiguidade decerto não se limitou a
uma questão retórica ou estilística. Dispomos de informações as mais singulares acerca dos assassinos de Galeazzo
Sforza: Lampugnani, Olgiati e Visconti. Todos os três tinham motivos bastante pessoais para cometer o crime e,
no entanto, a decisão talvez tenha provindo de uma razão
de caráter mais genérico. Cola de Montani, um humanis-
ta e professor de eloquência, inflamara um grupo bem jovem da nobreza milanesa com uma vaga sede de glória e

de grandes feitos patrióticos, saindo-se afinal com a ideia de uma libertação de Milão, que expôs a Lampugnani e Olgiati. Não tardando em se tornar alvo de suspeitas, Cola de Montani foi banido, tendo de deixar os jovens entregues a seu flamejante fanatismo. Uns dez dias antes da empreitada, eles conspiraram solenemente no interior do convento de Santo Ambrogio; "então", conta Olgiati, "num recinto afastado e diante da imagem de santo Ambrósio, ergui meus olhos e roguei-lhe ajuda para nós e para todo o seu povo". O santo padroeiro da cidade deve dar proteção à empresa, tanto quanto, posteriormente, santo Estêvão, em cuja igreja ela terá lugar. Muitas outras pessoas vêm, então, a tomar parte no intento, tendo na casa de Lampugnani seu quartel-general de todas as noites e exercitando-se com suas bainhas no manejo do punhal. A empreitada teve êxito, mas Lampugnani foi morto imediatamente pelos acompanhantes do duque, e os demais, capturados. Visconti mostrou-se arrependido, mas Olgiati, apesar de toda a tortura que sofreu, seguiu afirmando que o crime fora um sacrifício do agrado de Deus e, enquanto o carrasco golpeava-lhe o peito, proclamou: "Controla-te, Girolamo! Serás lembrado durante muito tempo; a morte é amarga, mas a glória, eterna!".

Por mais idealistas que propósitos e intenções possam ser nesse episódio, ainda assim reluz na maneira como a conspiração é conduzida a imagem do mais abominável dos conspiradores, que nada tem em comum com a liberdade: a de Catilina. Os anais de Siena afirmam expressamente que os conspiradores teriam estudado Salústio, o que a confissão de Olgiati, de forma indireta, demonstra claramente. Também noutras partes deparamos com o terrível nome de Catilina. De fato, abstraindo-se de suas intenções, não havia mesmo modelo mais convidativo do que ele para as conjuras secretas.

Junto aos florentinos, tantas vezes quantas lograram ou pretenderam livrar-se dos Medici, o tiranicídio era abertamente reconhecido como um ideal. Após a fuga dos Medici, no ano de 1494, o grupo em bronze de Donatello, retratando Judite com o moribundo Holofernes, foi arrancado de seu palácio e colocado defronte ao Palazzo della Signoria (onde hoje se encontra o *Davi*, de Michelangelo) com esta inscrição: "Exemplum salutis publicae cives posuere 1495". Invocava-se agora, com especial predileção, o jovem Brutus, que ainda em Dante encontra-se plantado, juntamente com Cássio e Judas Iscariotes, nas profundezas do inferno por ter traído o império ["Inferno", XXXIV, 64]. Pietro Paolo Boscoli, cuja conspiração contra Giuliano, Giovanni e Giulio de Medici malogrou (1513), era fervoroso admirador de Brutus e se arrogara o desejo de imitá-lo, bastando para tanto que encontrasse um Cássio; encontrou-o, então, na figura de Agostino Capponi. Seus derradeiros pronunciamentos na prisão — um dos mais importantes documentos acerca da situação da religião à época — dão conta de quanto ele se esforçou para libertar-se novamente daquelas fantasias romanas, no intuito de morrer cristão. Um amigo e seu confessor precisam assegurar-lhe que são Tomás de Aquino condenava todo e qualquer tipo de conjuração; mais tarde, porém, o confessor admitia sigilosamente para esse mesmo amigo que são Tomás fazia uma distinção, aceitando a conspiração contra o tirano que, à força, se houvesse imposto a um povo contra a vontade deste.

Tendo Lorenzino de Medici assassinado o duque Alexandre (1537) e se refugiado, uma apologia do feito veio à luz — provavelmente, de próprio punho ou, ao menos, por ele encomendada —, louvando o tiranicídio em si como a mais meritória das obras; supondo ter sido Alexandre verdadeiramente um Medici legítimo e, portanto, seu parente (ainda que distante), Lorenzino compara-se, sem hesitação, a Timolêon, fratricida por patriotismo. Outros valeram-se, também nesse caso, da comparação com Brutus, sendo lícito concluir, em função de seu busto de Brutus (Uffizi), que

o próprio Michelangelo tenha entretido deveras tardiamen-
te pensamentos dessa ordem. O busto, deixou-o inconclu-
so, como fez com quase toda a sua obra — decerto, porém,
não porque o assassinato de César lhe pesasse demasiadamente no coração, como quer o dístico ali gravado.

Seria inútil procurar nos Estados principescos do Renascimento um radicalismo popular semelhante àquele
que se desenvolveu nas monarquias mais recentes. Em
seu íntimo, é certo que cada indivíduo protestasse contra
o principado, mas procurava muito mais ajustar-se a ele,
sofrendo ou disso tirando proveito, do que reunir forças
para atacá-lo. Para que uma população se dispusesse a
aniquilar ou escorraçar a casa reinante, era necessário
que as coisas tivessem ido já tão longe quanto na Camerino, na Fabriano, na Rimini de outrora. Sabia-se, aliás,
em geral muito bem que, ao fazê-lo, estar-se-ia apenas
trocando um soberano por outro. A estrela das repúblicas estava decididamente naufragando.

As repúblicas

Tempos houve em que as cidades italianas tinham desenvolvido no mais alto grau aquela força que fazia da cidade um Estado. Para tanto, nada mais era necessário
do que a união dessas cidades em uma grande federação — uma ideia sempre recorrente na Itália, ainda que
revestida de uma ou outra fórmula, conforme o caso.
As lutas dos séculos XII e XIII levaram, de fato, a poderosas e belicosas ligas de cidades, e Sismondi crê en-
xergar no período em que a Liga Lombarda ultimava
seus preparativos militares contra Barba-Roxa (a partir
de 1168) o momento no qual uma federação italiana teria podido constituir-se. Entretanto, as cidades poderosas haviam já desenvolvido características próprias que
tornavam isso impossível: permitiam-se, na condição de

concorrentes comerciais, valer-se dos meios mais extremos umas contra as outras, mantendo cidades vizinhas,
mais fracas, numa condição de dependência desprovida
de quaisquer direitos; ou seja, acreditavam, afinal, em
seu êxito individual, julgando desnecessária a união e
preparando assim o terreno para futuros despotismos.
Estes chegaram quando as disputas internas entre as facções da nobreza e as desta com os cidadãos despertaram
o anseio por um governo sólido, num momento em que
as já existentes tropas de mercenários emprestavam seu
apoio ao que quer que fosse em troca de dinheiro, depois
que os partidos tinham havia tempos se acostumado a
julgar inútil o recrutamento geral de cidadãos. A tirania
devorou a liberdade da maior parte das cidades; aqui e
ali, logrou-se desalojá-la, mas apenas parcial ou temporariamente; ela retornava sempre, porque persistiam as
condições internas para a sua existência e porque as forças que a ela se opunham haviam se desgastado.

Dentre as cidades que preservaram sua independência, duas são da maior importância para toda a história
da humanidade: Florença — a cidade em constante movimento, que nos legou testemunho de todas as ideias e
propósitos individuais e coletivos daqueles que, ao longo
de três séculos, tomaram parte nesse movimento — e
Veneza — a cidade da aparente ausência de movimento
e do silêncio político. A contraposição das duas revela
os mais gritantes contrastes imagináveis; ambas, porém,
não admitem comparação com nada neste mundo.

Veneza no século XV

Veneza via-se a si própria como uma criação maravilho-
sa e enigmática, na qual, desde sempre, algo mais do
que o engenho humano atuara. Havia um mito acerca
da solene fundação da cidade: em 25 de março de 413,

ao meio-dia, os emigrantes provindos de Pádua teriam lançado a pedra fundamental em Rialto, com o intuito de criar ali uma cidade livre e sagrada, inexpugnável em uma Itália dilacerada pelos bárbaros. A posteridade alojou na alma desses fundadores o pressentimento da grandeza futura. M. Antonio Sabellico, que celebrou o acontecimento em magníficos e caudalosos hexâmetros, faz o padre que consagrou a cidade invocar aos céus: "Quando grandes feitos ousarmos, concedei-nos o triunfo! Agora, ajoelhamo-nos diante de um pobre altar; se, porém, nossos votos não forem em vão, daqui erguer--se-ão a Ti, ó Deus, centenas de templos de mármore e ouro!".* Ao final do século xv, a cidade insular revela-va-se a caixinha de joias do mundo de então. É o mesmo Sabellico que a descreve como tal, com suas cúpulas antiquíssimas, suas torres inclinadas, suas fachadas in-crustadas de mármore e seu exíguo esplendor, onde ao ouro dos adornos alia-se a ocupação de cada cantinho disponível. Sabellico conduz-nos à agitada praça diante de San Giacometto, em Rialto, onde os negócios de todo um mundo são denunciados não por gritos ou por um ruidoso burburinho, mas por um sussurrar polifônico; onde, nos pórticos ao redor e naqueles das ruas que para ali convergem, os cambistas e as centenas de ourives têm o seu lugar — sobre suas cabeças, lojas e armazéns sem fim;** para além da ponte, descreve-nos ainda o grande Fondaco dos alemães, cujos salões abrigam suas merca-dorias e sua gente e diante do qual, a todo momento, embarcações repousam lado a lado no canal; um pouco mais acima, frotas de vinho e óleo e, paralelamente a es-

---

* A mais antiga das crônicas venezianas (Pertz, *Monum.* ix, pp. 5 e 6) situa a fundação da cidade insular somente no período lombardo e a de Rialto, decididamente bem mais tarde.
** Toda essa região foi modificada pelas novas construções do princípio do século xvi.

tas, na praia — onde pululam os carregadores —, as ca-
vas dos mercadores; depois, de Rialto até a praça de São
Marcos, as bancas de perfumes e as estalagens. Assim,
Sabellico conduz o leitor de uma parte a outra da cidade,
até os dois hospitais, que contam entre as instituições
públicas de grande utilidade encontráveis em tal grau de
desenvolvimento somente ali. A assistência à população
era traço distintivo dos venezianos, em tempos de paz
ou de guerra, quando o tratamento dos feridos, mesmo
dos inimigos, era objeto da admiração dos estrangeiros.
As instituições públicas, quaisquer que fossem, podiam
encontrar seu modelo em Veneza; mesmo o sistema de
pensões era administrado sistematicamente, inclusive no
que diz respeito às viúvas e aos órfãos. Riqueza, segurança política e conhecimento do mundo haviam feito
amadurecer a reflexão sobre tais questões. Aquele povo
louro e esbelto, com seu passo leve e cauteloso e seu falar ponderado, exibia poucas diferenças em seus trajes e
maneiras; adornos, sobretudo pérolas, enfeitavam mulheres e moças. A prosperidade geral era, então, resplan-
decente ainda, apesar das pesadas perdas impingidas
pelos turcos; a energia armazenada, porém, e o generalizado conceito favorável de que gozava em toda a Europa
foram suficientes para permitir que, mais tarde, Veneza
sobrevivesse longamente até mesmo aos mais duros golpes: a descoberta do caminho marítimo para as Índias
Orientais, a queda da soberania mameluca no Egito e a
guerra da Liga de Cambrai.

Sabellico, nascido na região de Tivoli e acostumado ao
desembaraçado discurso dos filólogos de então, nota com
algum espanto, em outro de seus escritos [*Epistolae*, liv. v,
fol. 28], que os jovens nobres que ouviam suas preleções
matinais não queriam de modo algum entrar a discutir
política com ele: "Se lhes pergunto o que as pessoas pen-
sam, dizem e esperam deste ou daquele movimento em
curso na Itália, respondem todos em uníssono que nada

sabem". Não obstante a inquisição estatal, podia-se descobrir muita coisa junto à parcela desmoralizada da nobreza, ainda que não a preços módicos. No último quartel do
século xv, havia traidores entre as mais altas autoridades;
os papas, os príncipes italianos e mesmo medíocres condottieri a serviço da República tinham todos seus infor-
mantes, parte deles remunerada regularmente; a situação
chegou a tal ponto que o Conselho dos Dez houve por
bem ocultar informações políticas importantes do Conselho dos Pregadi, chegando-se mesmo a supor que Ludovico, o Mouro, dispunha de uma bem definida quantidade
de votos entre os últimos. Se o enforcamento noturno de
culpados isolados e a alta recompensa aos delatores (uma
pensão vitalícia de sessenta ducados, por exemplo) rende-
ram muitos frutos, é difícil dizer; não era possível remover
subitamente uma das causas básicas desse mal: a pobreza
de muitos nobres. No ano de 1492, dois deles apresentaram uma sugestão: o Estado deveria, anualmente, despender 70 mil ducados de auxílio àqueles nobres pobres
que não possuíam cargo algum; a proposta esteve perto
de chegar ao Grande Conselho, onde teria podido obter
maioria favorável, quando, então, ainda a tempo, o Conselho dos Dez interveio, banindo ambos os proponentes
para Nicósia, em Chipre, em caráter permanente. Por volta dessa época, um Soranzo foi enforcado no exterior por
roubar igrejas, e um Contarini condenado aos grilhões
por arrombamento; outro membro desta mesma família
apresentou-se perante a senhoria, em 1499, queixando-se
de que estava já havia muito tempo sem um cargo, de que
seus rendimentos somavam apenas dezesseis ducados, de
que tinha nove filhos e sessenta ducados de dívidas, não
tinha ofício algum e fora recentemente jogado na rua. É
compreensível, pois, que alguns nobres ricos construíssem
casas para nelas abrigar gratuitamente seus pares pobres.
A construção de tais casas, e mesmo de fileiras delas, figura em testamentos como obra de caridade.

Mas, se os inimigos de Veneza alguma vez depositaram sérias esperanças em embaraços desse tipo, enganaram-se redondamente. Poder-se-ia acreditar que já o ímpeto do comércio, que assegurava mesmo aos mais humildes generosa remuneração de seu trabalho, ou que as colônias na porção oriental do Mediterrâneo tivessem afastado da política as forças de maior perigo. A despeito, porém, de vantagens semelhantes, não teve Gênova a mais tempestuosa das histórias políticas? Na verdade, a razão da imperturbabilidade de Veneza repousa antes na ação conjunta de circunstâncias que em nenhum outro lugar estiveram reunidas. Inexpugnável como cidade, ela desde sempre se pautara exclusivamente pela mais fria reflexão em suas relações com o exterior, ignorando quase por completo as facções que dividiam o restante da Itália e selando alianças externas somente em função de propósitos passageiros, e, ainda assim, ao preço mais alto possível. A tônica da índole veneziana foi, pois, a de um isolamento orgulhoso e até mesmo desdenhoso e, consequentemente, de uma forte solidariedade interna, para a qual contribuiu o ódio de que era alvo por parte de todo o restante da Itália. Na própria cidade, o conjunto da população compartilhava dos mais vigorosos interesses comuns, tanto no tocante às colônias quanto às possessões em terra firme, permitindo aos habitantes destas últimas (ou seja, das cidades até Bérgamo) comprar e vender somente em Veneza. Uma vantagem de natureza tão artificial só podia ser mantida mediante tranquilidade e concórdia internas — assim pensava, por certo, a esmagadora maioria da população, tornando Veneza, já em função disso, terreno ruim para conspiradores. E, se insatisfeitos havia, a separação entre nobres e burgueses os apartava de tal forma a dificultar bastante qualquer aproximação. No interior da nobreza, por outro lado, as grandes empreitadas comerciais, as viagens e a participação nas sempre recorrentes guerras

contra os turcos amputaram aos possíveis perigosos — isto
é, aos ricos — uma fonte capital de todas as conspirações: a ociosidade. Nas guerras, os comandantes os
poupavam, por vezes de forma condenável, o que levou
um Catão veneziano a profetizar a ruína da cidade, caso
persistisse, em detrimento da justiça, esse receio dos nobres de causar sofrimento uns aos outros. Seja como for,
esse grande trânsito ao ar livre deu à nobreza veneziana,
de forma geral, um saudável direcionamento. E, se a inveja e a cobiça porventura almejavam satisfação, tinham
a seu dispor uma vítima oficial, autoridades e meios legais. O martírio moral ao qual, durante longos anos, o
doge Francisco Foscari (morto em 1457) foi submetido
aos olhos de toda Veneza é, talvez, o mais terrível exemplo de um tipo de vingança só possível nas aristocracias.

O Conselho dos Dez — que em tudo intervinha, dono
de um direito irrestrito sobre a vida e a morte, sobre o
tesouro e o comando do exército, que abrigava os inqui-
sidores e que derrubou Foscari, bem como muitos outros
poderosos — era renovado anualmente, eleito pelo conjunto da casta dirigente, o *Gran Consiglio*, constituindo
por isso a expressão mais imediata desta. Tais eleições
não eram, provavelmente, palco de grandes intrigas,
uma vez que o curto mandato e a responsabilidade que
acarretava não tornavam o cargo muito desejável. Por
mais subterrânea e violenta que fosse a atividade dessa e
de outras autoridades, o verdadeiro veneziano não fugia,
pelo contrário, submetia-se a ela — não apenas porque
a República tinha longos braços, podendo, em vez de
atormentar a ele, atormentar sua família, mas também
porque, na maioria dos casos, eram as razões, e não a
sede de sangue, que lhe orientavam o procedimento. Acima de tudo, jamais um Estado exerceu tamanho poder
moral sobre seus cidadãos, mesmo à distância. Se havia
traidores entre os Pregadi, por exemplo, compensava-o
largamente o fato de que todo veneziano no estrangeiro

era um espião inato de seu governo. Desnecessário dizer
que também os cardeais venezianos em Roma relatavam
aos conterrâneos o conteúdo dos secretos consistórios
papais. Certa feita, o cardeal Domenico Grimani mandou interceptar, nas proximidades de Roma (1500), os
despachos que Ascanio Sforza estava enviando a seu irmão, Ludovico, o Mouro, mandando-os para Veneza;
seu pai, justamente à época alvo de graves acusações,
fez valer, então, publicamente perante o *Gran Consiglio*
— isto é, perante todo o mundo — o meritório serviço
prestado pelo filho.

De que maneira Veneza mantinha seus condottieri é assunto que já se abordou aqui anteriormente. Desejasse ela
ainda uma garantia particular qualquer da lealdade deles,
encontrava-a, por exemplo, em seu grande número, o que,
fatalmente, tanto dificultava a traição quanto facilitava sua
descoberta. À vista dos registros do exército veneziano, é
de se perguntar como era possível a tropas de uma com-
posição tão heterogênea qualquer ação conjunta! Nos registros relativos à guerra de 1495, figuram 15 526 cavalos
destinados sempre a pequenos destacamentos: Gonzaga de
Mântua tinha, sozinho, 1200 deles; Gioffredo Borgia, 740;
seguem-se seis chefes com seiscentos a setecentos cavalos,
dez com quatrocentos, doze com duzentos a quatrocentos,
por volta de catorze com cem a duzentos, nove com oitenta, seis com cinquenta a sessenta, e assim por diante.
Trata-se, em parte, de antigas tropas venezianas, em parte,
de tropas sob o comando da nobreza citadina e rural; a
maioria dos chefes, porém, é composta de príncipes italianos e governadores de cidades ou seus parentes. Acresce-se
a isso uma infantaria de 24 mil homens — sobre cuja pro-
veniência e comando nada se diz —, além de outros 3300,
provavelmente pertencentes a destacamentos especiais. Em
tempos de paz, guarnição alguma, ou um número inacre-
ditavelmente pequeno delas, ocupava as cidades do conti-
nente. Veneza não confiava propriamente na devoção, mas

no discernimento de seus súditos. É sabido que, quando da guerra da Liga de Cambrai (1509), ela os desobrigou do juramento de fidelidade, confiando em que comparariam as amenidades de uma ocupação inimiga com a dominação branda a que os submetia: não tendo havido traição em seu abandono de São Marcos e, portanto, sem precisar temer qualquer punição, os venezianos regressaram com o maior fervor à dominação a que estavam acostumados. Essa guerra foi, diga-se de passagem, o resultado de um clamor centenário contra a ânsia expansionista de Veneza. De fato, esta incorreu por vezes no erro dos muito astuciosos, que não creem que o inimigo vá desferir-lhes um golpe na sua opinião imprudente e insensato.* "Em razão desse otimismo — que é, talvez, próprio sobretudo das aristocracias —, já se havia anteriormente ignorado por completo os preparativos bélicos de Maomé II para a tomada de Constantinopla e mesmo aqueles para a campanha de Carlos VIII — até que, não obstante, o inesperado aconteceu. A Liga de Cambrai constituía, também ela, um evento dessa natureza, na medida em que ia de encontro ao interesse evidente de seus principais promotores, Luís XII e Júlio II. O próprio papa, porém, abrigava em si o antigo ódio de toda a Itália contra os venezianos conquistadores, de modo que fechou os olhos à invasão estrangeira, e quanto à política do cardeal D'Amboise e de seu rei no tocante à Itália, Veneza deveria já havia tempos ter lhe reconhecido e temido a malévola parvoíce. Com referência aos demais, a maioria participou da liga em razão daquela inveja de que são alvos a riqueza e o poder e que, se, por um lado, pode servir-lhes como um profícuo açoite, por outro, constitui também, em si, algo deplorável. Veneza retirou-se honrosamente da batalha, mas não sem prejuízo duradouro.

* Guicciardini (*Ricordi*, N. 150) é, talvez, o primeiro a observar que a necessidade política de vingança é capaz de tornar inaudível até mesmo a voz nítida do interesse próprio.

Um poder cujos fundamentos eram tão complexos, cuja
ação e interesses estendiam-se por campo tão vasto, não
seria concebível sem que dispusesse de uma ampla visão
de conjunto, de um contínuo balanço de suas forças e far-
dos, de sua expansão e retração. Veneza certamente estaria autorizada a reivindicar para si a condição de berço
da estatística moderna, juntamente com Florença, talvez,
e, num segundo plano, com os principados italianos mais
desenvolvidos. O Estado feudal da Idade Média produz, no
máximo, registros gerais dos direitos e proveitos (*urbaria*)
senhoriais; compreende a produção como algo estático — o
que, em se tratando fundamentalmente de propriedade da
terra, ela não deixa de ser. Contrariamente a isso, e provavelmente desde cedo, as cidades em todo o Ocidente en-
cararam sua produção, relativa à indústria e ao comércio,
como altamente dinâmica, tratando-a de acordo com essa
visão. Ainda assim, mesmo à época em que florescia a Liga
Hanseática, elas não foram além de um simples balanço comercial. Esquadras, exércitos, pressão política e influência
acabavam por se alojar meramente sob as rubricas "débito"
e "crédito" do livro-mestre de um contador. É somente nos
Estados italianos que as consequências de uma total consciência política, o modelo da administração maometana e
uma prática antiquíssima de produção e comércio reúnem-
-se para fundar uma verdadeira ciência estatística.* O Es-

---

* Esboçado de forma ainda relativamente limitada, mas já
de grande importância, é o panorama estatístico de Milão
(*Manipulus Florum*, in Muratori, XI, 711) do ano de 1288.
Enumeram-se ali as casas, a população, os aptos para o uso de
armas, as *loggie* dos nobres, poços, fornos, tabernas, as lojas
dos açougueiros, pescadores, o consumo de grãos, os cães, os
pássaros para a caça, os preços da madeira, feno, vinho e do
sal, e mais: juízes, notários, médicos, professores escolares,
copistas, oficinas de armas, ferrarias, hospitais, monastérios,
fundações e corporações eclesiásticas.

tado despótico do imperador Frederico II na Baixa Itália fora organizado com base exclusivamente na concentração do poder, tendo em vista uma batalha de vida ou morte. Em Veneza, pelo contrário, os objetivos últimos são gozar o poder e a vida, ampliar o legado dos antepassados, reunir as mais lucrativas indústrias e abrir constantemente novos mercados.

Os escritores da época pronunciam-se sobre essas questões com o maior desembaraço. Ficamos sabendo, assim, que a população da cidade somava 190 mil pessoas em 1422; talvez os italianos tenham começado mais cedo do que os outros a contar seus habitantes não mais pelo número de fogões, de homens aptos para as armas, daqueles que podiam andar com as próprias pernas e assim por diante, mas pelo número de almas, identificando nesse procedimento a base mais neutra para outros cálculos. Quando, por essa época, os florentinos desejaram aliar-se a Veneza contra Filippo Maria Visconti, foram naquele momento repelidos em função da clara convicção, embasada em um preciso balanço comercial, de que qualquer guerra entre Milão e Veneza — isto é, entre comprador e vendedor — seria uma tolice. Já a mera ampliação de seu exército por parte do duque, acarretando imediato aumento de impostos, tornaria seu ducado um pior consumidor. "Melhor deixar sucumbir os florentinos para que, então, acostumados à vida em uma cidade livre, emigrem para cá, trazendo consigo suas tecelagens de seda e lã, como, acossados, o fizeram os habitantes de Lucca." Digno de nota, porém, é sobretudo o discurso proferido pelo moribundo doge Mocenigo (1423) a alguns senadores que convocara ao seu leito de morte, discurso que contém os elementos mais importantes de uma estatística acerca do conjunto das forças e posses de Veneza. Não sei onde e se existe uma explicação pormenorizada desse complexo documento; a título de curiosidade, porém, podem-se citar os dados que seguem. Após o pagamento de um empréstimo motivado pela guerra, no valor de 4 milhões de ducados, a dívida do Estado (*il monte*) somava ainda, à época, 6 milhões de ducados. O total do dinheiro em circulação no comércio perfazia (ao que parece) a quantia de 10 milhões, rendendo um lucro de 4 milhões (assim diz o texto). As 3 mil *navigli*, trezentas *navi* e 45 galeras levavam, respectivamente, 17 mil, 8 mil e 11 mil marinheiros (mais de duzentos homens por galera). Somavam-se a estes 16 mil trabalhadores na construção naval. As casas de Veneza estavam avaliadas em 7 milhões, rendendo meio milhão em aluguéis.* Havia mil nobres com rendimentos variando entre 70 e 4 mil ducados. Em outra passagem do texto, a receita regular do Estado, naquele mesmo ano, é avaliada em 1,1 milhão de ducados; em razão das perturbações no comércio causadas pelas guerras, ela cairia para 800 mil ducados em meados do século.

Se, por um lado, em função de tais cálculos e de sua aplicação prática, Veneza foi a primeira a apresentar por completo uma porção significativa do moderno aparelho estatal, por outro, revelava certo atraso no plano cultural — o mais elevado, na apreciação dos italianos da época. Faltava-lhe, de uma forma geral, o impulso literário e, particularmente, aquele entusiasmo pela Antiguidade clássica.** Sabellico julga que o talento para a filosofia e a eloquência era ali tão grande quanto aquele para o comércio e para os negócios do Estado. Já em 1459, Jorge de Trebizonda colocava aos pés do doge a tradução para o latim das *Leis* de Platão, sendo nomeado professor de filologia,

---

* Faz-se referência aqui, certamente, a todas as casas, e não apenas àquelas pertencentes ao Estado. Estas últimas, aliás, por vezes rendiam enormemente.

** Essa desafeição deve mesmo ter se transformado em ódio no veneziano Paulo II, a tal ponto que ele chamava todos os humanistas de heréticos (Platina, *Vita Pauli*, p. 323).

com vencimentos anuais da ordem de 150 ducados, e dedicando à senhoria a sua *Retórica*. Percorrendo-se, porém, a história literária de Veneza que Francesco Sansovino anexou ao seu conhecido livro [*Venezia*], verifica-se, no século XIV, a presença quase exclusiva de obras específicas sobre teologia, direito e medicina, além daquelas de história; também no século XV, à exceção de Ermolao Barbaro e Aldo Manucci, o humanismo encontra-se apenas muito parcamente representado na literatura veneziana, considerando-se a importância da cidade. A biblioteca que o cardeal Bessarion legou ao Estado recebe cuidados que mal lhe permitem escapar à dispersão e à destruição. Afinal, para questões eruditas, havia Pádua, onde, aliás, médicos e juristas dispunham de remunerações incomparavelmente mais altas, os últimos na condição de autores de pareceres acerca do direito público. A participação de Veneza na beletrística italiana permanece igualmente mínima durante um longo período, até que o princípio do século XVI viesse a recuperar o tempo perdido. O próprio pendor artístico renascentista é trazido de fora para Veneza, que só por volta do final do século XV nele se movimenta com a plenitude de suas próprias energias. Mas há indícios ainda mais característicos desse seu retardamento intelectual.

O mesmo Estado que tinha o clero tão completamente sob seu poder, que reservava para si a nomeação de todos os postos de importância e que seguidamente ostentava uma postura desafiadora perante a cúria, exibia também uma devoção oficial de coloração bastante singular. Corpos sagrados e outras relíquias provindas da Grécia conquistada pelos turcos são adquiridos à custa dos maiores sacrifícios e recepcionados pelos doges em grandiosas procissões.* Para a compra da toga sem cos-

---

* Quando o corpo de São Lucas chegou da Bósnia, houve briga com os beneditinos de Santa Giustina, em Pádua, que já se acreditavam seus possuidores, e a decisão coube ao papa.

tura, por exemplo, decidiu-se empregar até 10 mil ducados (1455), sem, contudo, lograr obtê-la. Não se tratava, em casos como esse, de um entusiasmo popular pela
compra, mas sim de uma tranquila decisão das mais altas autoridades estatais, decisão esta que teria sido possível, sem causar maior sensação, não levar a cabo, como
certamente teria ocorrido em Florença, sob circunstâncias semelhantes. Deixemos de lado a devoção da população e sua sólida crença nas indulgências de um Alexandre VI. O próprio Estado, entretanto, após ter absorvido
a Igreja mais do que em qualquer outra parte, tinha em
si, de fato, uma espécie de componente eclesiástico. Assim foi que o doge, símbolo desse Estado, figurou em
doze grandes procissões (*andate*) desempenhando função semiclerical. Tratava-se quase exclusivamente de festividades em honra de acontecimentos políticos passados
e que concorriam com aquelas grandiosas, promovidas
pela Igreja — a mais esplêndida de todas, o famoso casamento com o mar, celebrado anualmente na Ascensão.

Florença, a partir do século XIV

A mais elevada consciência política, a maior riqueza em
modalidades de desenvolvimento humano encontram-
-se reunidas na história de Florença, que, nesse sentido,
por certo merece o título de primeiro Estado moderno do
mundo. Ali, é todo um povo que se dedica àquilo que,
nos Estados principescos, constitui assunto de família. O
maravilhoso espírito florentino, dotado igualmente de um
aguçado caráter racional e artístico, transforma incessantemente as condições políticas e sociais, descrevendo-as
e julgando-as com igual frequência. Florença tornou-se,
assim, o berço das doutrinas políticas e teorias, dos experimentos e saltos adiante; tornou-se ainda, juntamente
com Veneza, o berço da estatística e, solitária, precedendo

todos os demais Estados do mundo, o berço da escrita da
história, em seu sentido moderno. Contribuíram para tanto a contemplação da antiga Roma e o conhecimento de
seus historiadores. Giovanni Villani confessa ter recebido
o impulso inicial para sua grande obra por ocasião do jubileu do ano de 1300, tendo se lançado a ela logo após o
retorno à terra natal.* E, no entanto, quantos dentre os
200 mil peregrinos que naquele ano se dirigiram a Roma
não abrigariam talento e propósito semelhantes, nem por
isso tendo efetivamente escrito a história de suas cidades!
Mas nem todos podiam acrescê-la de observação tão en-
corajadora quanto esta: "Roma está decaindo, mas minha
cidade natal está em ascensão e pronta para a realização
de grandes feitos. Por isso, quis registrar todo o seu passado, e pretendo prosseguir registrando-o até o presente
e enquanto seguir vivendo os acontecimentos". Além do
testemunho de seu passado, Florença alcançou algo mais
por intermédio de seus historiadores: uma glória maior do
que a que logrou atingir qualquer outro Estado italiano.

Nossa tarefa aqui não é escrever a história desse memorável Estado, mas tão somente fornecer algumas indi-
cações concernentes à liberdade intelectual e à objetividade que essa história despertou nos florentinos.

Por volta do ano de 1300, Dino Compagni descreveu
as lutas que se desenrolavam na cidade à sua época. A situação política, a mola propulsora interna dos partidos,
os caracteres dos líderes, em suma, todo o emaranhado
de causas e efeitos, próximos ou distantes, é ali apresen-
tado de tal forma a tornar palpável a superioridade geral
do juízo crítico e da arte de descrever dos florentinos. E
que político é a maior vítima dessas crises, Dante Alighieri,
amadurecido pela vivência em sua própria terra e no exílio!
As mudanças constantes e experimentos com a Constituição, ele os fundiu no escárnio de suas tercinas brônzeas

* O ano de 1300 é igualmente a data fixada na *Divina comédia*.

["Purgatório", VI, final], que permanecerão proverbiais onde quer que algo semelhante se dê; dirigiu-se a sua terra com uma insolência e uma ansiedade que só podiam fazer estremecer o coração dos florentinos. Mas seus pensamentos expandem-se, abarcando a Itália e o mundo, e, ainda que sua paixão pelo império, como ele o concebia, não passasse de um equívoco, cumpre reconhecer que, nele, o sonhar juvenil da recém-nascida especulação política reveste-se de certa grandeza poética. Dante orgulha-se de ser o primeiro a trilhar esse caminho, decerto conduzido pela mão de Aristóteles, mas, à sua maneira, com considerável independência [*De monarchia*, I, I]. Seu imperador ideal é um juiz supremo justo e amante dos homens, subordinado apenas a Deus, herdeiro da dominação romana, aprovada pelo direito, pela natureza e pela determinação divina. Assim, para Dante, a conquista do globo teria sido legítima, uma sentença divina sobre Roma e os demais povos, e Deus teria reconhecido tal império nele fazendo-se homem, submetendo-se, ao nascer, ao censo do imperador Augusto e, ao morrer, ao julgamento de Pôncio Pilatos — e assim por diante. Embora apenas com dificuldade logremos seguir esses e outros argumentos, a paixão de Dante nos cativa sempre. Em suas cartas, encontramos um dos primeiros publicistas, talvez o primeiro leigo a produzir de próprio punho escritos políticos sob essa forma. Começa a fazê-lo bem cedo; já em seguida à morte de Beatriz, endereça um panfleto sobre a situação de Florença "aos grandes do globo terrestre"; também suas cartas abertas posteriores, datadas da época do exílio, são todas dirigidas exclusivamente a imperadores, príncipes e cardeais. Nessas cartas e em sua obra *De vulgari eloquentia*, é recorrente, sob diversas formas, o sentimento, que tanto sofrimento lhe custou, de que ao banido é lícito encontrar, mesmo fora de sua terra natal, uma nova pátria espiritual na língua e na cultura, que dele não mais podem ser tomadas — um ponto ao qual haveremos de retornar, mais adiante.

Aos Villani — tanto a Giovanni quanto a Matteo —, devemos não apenas profundas observações políticas, mas sobretudo novas e práticas apreciações, os fundamentos da estatística florentina e informações importantes sobre outros Estados. O comércio e a indústria haviam, também ali, despertado o pensamento não apenas político, mas também econômico. Em parte alguma do mundo dispunha-se de informações tão precisas acerca da situação financeira global, a começar pela da corte pontifícia de Avignon, cuja enorme riqueza acumulada (25 milhões de florins de ouro, à época da morte de João XXII) só se torna crível em função dessas tão boas fontes a informá-la. É somente por meio destas que ficamos sabendo de empréstimos colossais como, por exemplo, aquele tomado pelo rei da Inglaterra junto às casas florentinas dos Bardi e dos Peruzzi, que, mesmo tendo perdido nessa operação (1338) a quantia de 1 365 000 florins de ouro — dinheiro provindo em parte de seus próprios bolsos, em parte de seus associados —, conseguiram recuperar-se. O mais importante, contudo, são as informações referentes ao Estado, por essa mesma época: suas receitas (superiores a 300 mil florins de ouro) e despesas; sua população e a da cidade (esta, estimada ainda de forma bastante rudimentar — em *bocche*, isto é, em bocas, de acordo com o consumo de pão — em 90 mil habitantes); o excedente de trezentas a quinhentas crianças do sexo masculino dentre as 5,8 mil a 6 mil registradas anualmente no batistério;* o número de crianças que frequentavam a escola, das quais de 8 a 10 mil aprendem a ler e de mil a 1,2 mil a calcular, estas em seis diferentes escolas — juntando-se a todas elas por volta de seiscentas outras que, em quatro escolas, recebem aulas de gramática (latina) e lógica. Há ainda a estatística acerca das igrejas, conventos e hospitais (com mais de mil

---

* O padre separava um feijão-preto para cada menino e um branco para cada menina — assim era feito o controle.

leitos, no total); valiosas e detalhadas informações acerca
da indústria de lã; dados sobre a moeda, o abastecimento
da cidade, os funcionários públicos e muito mais.* Outras
informações, obtemo-las casualmente, como quando da
implantação dos novos fundos do Estado (monte), no ano
de 1353 — ocasião em que, do púlpito, os franciscanos
manifestaram-se favoráveis, os dominicanos e agostinia-
nos contrários à medida. As consequências econômicas da
peste negra decerto não encontraram em parte alguma da
Europa a atenção e a descrição de que foram objeto ali, e
nem podia ser de outra forma.** Só um florentino podia
nos transmitir como a população, em função de sua re-
dução, esperava o barateamento das mercadorias e como,
em vez disso, o preço dos gêneros básicos e os salários do-
braram; como, de início, as pessoas simples não queriam
mais trabalhar, mas apenas viver bem; como criados e
criadas só podiam ser obtidos pagando-se salários altíssi-
mos; como os camponeses só queriam cultivar as melhores
terras, deixando intocadas as de pior qualidade; e como as
enormes heranças legadas aos pobres, por ocasião da peste, posteriormente pareceram inúteis, uma vez que estes
haviam, em parte, morrido e, em parte, não eram mais pobres. Por fim, em decorrência de uma grande herança dei-
xada por um benfeitor sem filhos, da qual cada mendigo
da cidade receberia a quantia de seis dinheiros, intentou-se
uma abrangente estatística dos mendigos de Florença.

Mais tarde, essa contemplação estatística das coisas
desenvolveu-se ainda mais amplamente entre os florentinos. Sua beleza reside no fato de que ela, em geral, deixa
entrever sua conexão com o histórico, em seu sentido mais
elevado, com a arte e com a cultura de um modo geral.

---

* Na sólida Florença, havia já um corpo de bombeiros permanente.
** Sobre a peste propriamente dita, veja-se sobretudo o famoso
retrato de Boccaccio, no princípio do Decameron.

Um registro do ano de 1422 menciona, de uma só penada, as 72 casas de câmbio que circundam o *mercato nuovo*, o montante de dinheiro em circulação (2 milhões de florins de ouro), a então recente indústria de fios de ouro, os tecidos de seda, Filippo Brunelleschi — que desenterra a arquitetura clássica —, Leonardo Aretino — secretário da República, que desperta de seu sono a literatura e a eloquência antigas — e, finalmente, a prosperidade geral da cidade, vivendo então um período de tranquilidade política, além da felicidade da Itália, que se libertara das tropas mercenárias estrangeiras. Por certo, aquela já citada estatística veneziana, datada quase desse mesmo ano, revela posses, rendimentos e um horizonte muito maiores; há tempos Veneza domina os mares com suas embarcações, ao passo que Florença lança ao mar sua primeira galera própria em 1422, em direção a Alexandria. Mas quem não reconhece no registro florentino a presença de um espírito superior? Apontamentos desse gênero e semelhantes são ali efetuados a cada década, e, aliás, organizados já sob a forma de panoramas gerais, enquanto noutras partes encontramos, na melhor das hipóteses, dados isolados. Assim, ficamos conhecendo aproximadamente a fortuna e os negócios dos primeiros Medici, que, de 1434 a 1471, despendiam em esmolas, edificações públicas e impostos não menos do que 663 755 florins de ouro — mais de 400 mil dos quais provindos apenas de Cosme; e Lourenço, o Magnífico, alegra--se de que o dinheiro seja tão bem empregado. Posteriormente a 1478, encontramos um novo panorama altamente importante e, à sua maneira, completo do comércio e das indústrias florentinas, dentre estas, muitas ligadas total ou parcialmente à arte, como aquelas relacionadas aos tecidos bordados em ouro e prata, aos damascos, à escultura de arabescos em mármore ou arenito, às figuras de cera, à ourivesaria e à confecção de joias. De fato, o talento inato dos florentinos para a sistematização de toda a sua existência material revela-se também em seus livros acerca da economia doméstica, dos negócios e da agricultura, livros que por certo se distinguem consideravelmente daqueles do restante da Europa do século xv. Não sem razão, começou-se a publicar trechos escolhidos deles, mas muitos estudos serão ainda necessários para que deles possamos tirar conclusões claras e definitivas. Seja como for, também aí dá-se a conhecer aquela Florença na qual pais moribundos solicitam ao Estado, em seus testamentos, que seus filhos sejam punidos em mil florins de ouro, caso não desejem praticar um ofício regular qualquer.

Talvez nenhuma outra cidade do mundo possua um documento relativo à primeira metade do século xvi semelhante à magnífica descrição de Florença de autoria de Varchi. Assim, também no campo da estatística descritiva — como em tantos outros —, Florença tinha um modelo a apresentar, antes que sua liberdade e grandeza tivessem um fim.*

* Acerca do valor do dinheiro e da riqueza na Itália, na falta de meios que auxiliem na investigação, posso aqui apenas reunir alguns dados esparsos colhidos ao acaso. Exageros evidentes há que se deixar de lado. As moedas de ouro às quais remete a maior parte das informações são o ducado, o cequim, o florim de ouro e o escudo de ouro. Seu valor é, aproximadamente, o mesmo: de onze a doze francos de nossa moeda. Em Veneza, o doge Andrea Vendramin (1476), por exemplo, possuidor de 170 mil ducados, era tido por muito rico (Malipiero, *Ann. Veneti*, in *Archivio storico italiano*, vii, ii, p. 666). Na década de 1460, o patriarca de Aquileia, Lodovico Patavino, com seus 200 mil ducados, é chamado "quase o mais rico de todos os italianos" (Gasp. Veronens., *Vita Pauli* ii, in Muratori, iii, ii, col. 1027). Outras fontes fornecem-nos informações já fabulosas. A nomeação para cardeal de seu filho Domenico custou a Antonio Grimani 30 mil ducados. Estimava-se que, somente em dinheiro vivo, este possuísse 100 mil ducados (*Chron. Venetum*, in Muratori, xxiv, col. 125). Sobre o comércio de cereais e seu preço no mercado de Veneza, ver sobretudo Malipiero, op. cit.,

Paralelamente a essa sistematização da existência material, no entanto, caminha aquela contínua descrição da vida política da qual se falou aqui anteriormente. Florença não apenas experimenta um maior número de configurações e nuances políticas, como também delas nos presta contas com um grau de reflexão incomparavelmente maior do que aquele que encontramos nos demais Estados livres italianos e no Ocidente em geral. Constitui, assim, o mais perfeito espelho da relação de classes e indivíduos com um todo variável. Os quadros das grandes demagogias burguesas na França e em Flandres, como os esboça Froissart, bem como as narrativas contidas em nossas crônicas alemãs do século XIV, são verdadeiramente de grande importância, mas, em sua plenitude intelectual, assim como na fundamentação multifacetada do desenrolar dos acontecimentos descritos, os florentinos revelam-se infinitamente superiores a

---

VII, II, p. 709 ss. (anotações de 1498). Por volta de 1522, Gênova, e não mais Veneza, é tida como a cidade mais rica da Itália, depois de Roma (crível em função da autoridade de um F. Vettori. Ver sua *Storia*, in *Archivio storico italiano*, apênd., v. VI, p. 343). Bandello menciona o mais rico mercador genovês de seu tempo, Ansaldo Grimaldi. F. Sansovino supõe, entre 1400 e 1580, uma queda pela metade do valor do dinheiro (*Venezia*, fol. 151, bis.). Na Lombardia, acredita-se que a relação entre o preço dos cereais em meados do século XV e o mesmo preço em meados do século XIX seja de três para oito (*Sacco di Piacenza*, in *Archivio storico italiano*, apênd., vol. V, nota do editor, Scarabelli). Em Ferrara, à época do duque Borso, havia riquezas de até 50, 60 mil ducados (*Diario Ferrarese*, in Muratori, XXIV, col. 207, 214 e 218). Acerca de Florença, há informações de caráter bastante excepcional, que não conduzem a uma média. É o que se verifica quanto àqueles empréstimos tomados por príncipes estrangeiros, que, embora atribuídos a uma ou duas casas, constituíam, na verdade, negócios de grandes companhias. É esse, ainda, o caso da enorme tributação imposta a

todos os outros. A dominação da nobreza, as tiranias, as
lutas das camadas médias da população contra o prole-
tariado, a completa, parcial ou aparente democracia, o
primado de uma única casa, a teocracia (com Savonarola) e, por fim, aquelas formas híbridas de governo que
prepararam o terreno para o principado despótico dos
Medici — tudo isso é descrito de tal forma a trazer à luz
a motivação dos envolvidos. Em suas *Histórias florentinas* (até 1492), enfim, Maquiavel concebe já sua cidade
natal como um ser absolutamente vivo, e o processo de
desenvolvimento desta como um processo individual e
natural — uma concepção à qual chega na condição do
primeiro dentre os modernos a fazê-lo. Ultrapassa o âm-
bito deste ensaio examinar se e em que pontos Maquiavel procedeu arbitrariamente ali, como é notório que o
fez em sua *Vida de Castruccio Castracane*, o retrato de
um tirano que pintou de forma caprichosamente autori-

---

membros de partidos derrotados. Assim é que, por exemplo, de
1430 a 1453, 4 875 000 florins de ouro foram pagos por 77 famílias (Varchi, III, p. 115 ss.). A fortuna de Giovanni de Medici somava, por ocasião de sua morte (1428), 179 221 florins de ouro.
De seus dois filhos — Cosme e Lourenço —, porém, somente
este último deixou, ao morrer (1440), 235 137 florins (Fabroni,
Laurentii Medicei magnifici vita, adnot. 2). Um testemunho da
prosperidade geral dá-nos, por exemplo, o fato de que, já no
século XIV, as 44 lojas de ourives na Ponte Vecchio rendiam ao
Estado oitocentos florins de ouro em aluguéis anuais (Vasari,
II, 114, *V. di Taddeo Gaddi*). O diário de Buonaccorso Pitti (in
Delécluze, *Florence et ses vicissitudes*, v. II) está repleto de nú-
meros que, no entanto, comprovam apenas genericamente o alto
preço das mercadorias e o reduzido valor do dinheiro. Quanto a Roma, as receitas da cúria, provindas de toda a Europa,
naturalmente não nos oferecem parâmetro algum. Tampouco
são confiáveis as informações acerca de tesouros papais e das
fortunas dos cardeais. O conhecido banqueiro Agostino Chigi
legou (1520) uma fortuna no valor total de 800 mil ducados.

tária. Objeções poderiam ser levantadas a cada uma das linhas dessas *Histórias florentinas*; ainda assim, seu valor único e elevado permaneceria, em essência, intocado. Que plêiade de nomes ilustres compõe os contemporâneos e sucessores de Maquiavel — Jacopo Pitti, Guicciardini, Segni, Varchi, Vettori! E que história retratam esses mestres! As últimas décadas da República florentina, palco de acontecimentos inesquecíveis e grandiosos, são-nos por eles transmitidas em sua totalidade. Nesse registro colossal do ocaso da mais elevada e singular forma de vida do mundo de outrora, é possível que uns reconheçam nada mais do que uma coletânea de curiosidades de primeira categoria; outros, munidos de alegria infernal, constatarão a falência do nobre e do elevado; um terceiro poderá interpretar o conjunto como um grande processo judicial — seja como for, tal registro permanecerá objeto de reflexão até o final dos tempos.

Desventura capital a turvar renovadamente a história de Florença constituiu sua dominação sobre inimigos outrora poderosos por ela sujeitados, como ocorreu com Pisa, o que teve por consequência necessária um constante estado de violência. O único remédio possível, decerto bastante extremo, que somente Savonarola teria podido ministrar, e mesmo assim apenas com o auxílio de circunstâncias particularmente fortuitas, teria sido a dissolução da Toscana em uma federação de cidades livres — uma ideia que, já na condição de um delírio febril e tardio, conduzirá um patriótico cidadão de Lucca ao cadafalso (1548).* Desse infortúnio, e da infeliz

---

* Sabemos bem de que maneira Milão, por sua dureza em relação às cidades irmãs no século XI e até o XIII, facilita a formação de um grande Estado despótico. Em 1447, ao perecerem os Visconti, Milão põe a perder a liberdade da Itália setentrional sobretudo por não querer saber de uma federação de cidades com direitos iguais.

simpatia guelfa dos florentinos por um príncipe estrangeiro — o que os familiarizou, portanto, com a ideia
de intervenções estrangeiras —, decorre todo o restante.
Quem, no entanto, não admirará esse povo, que sob o
comando de seu monge santo e sob uma atmosfera de
constante elevação dá o primeiro exemplo italiano de in-
dulgência com relação aos inimigos derrotados, quando
toda a época precedente nada mais prega senão a vingança e o extermínio? O fogo que ali funde patriotismo
e conversão moral e religiosa em um só todo parece, à
distância, logo extinguir-se novamente, mas suas melhores consequências resplandecem, então, de maneira
renovada, naquele memorável cerco de 1529-30. Por certo, foram "loucos" os que evocaram uma tal tempesta-
de sobre Florença — como Guicciardini os caracterizou
então, reconhecendo ele próprio, contudo, que lograram
atingir o que se acreditava impossível; e quando diz que
os sábios teriam evitado a desgraça, não quer dizer outra
coisa senão que Florença deveria, de maneira totalmente
inglória e silente, ter se entregado às mãos de seus inimigos: teria, assim, preservado os magníficos subúrbios e
jardins, além da vida e do bem-estar de inúmeros cidadãos, mas teria também ficado mais pobre, privada de
uma de suas mais grandiosas lembranças.

Em muitas coisas importantes, coisas que tiveram ali
sua primeira expressão, os florentinos constituem um
modelo não só para os italianos como também para os
europeus modernos de um modo geral; o mesmo pode-se
dizer de seus aspectos mais sombrios. Quando já Dante comparava Florença — sempre a emendar sua Constituição — com um doente a mudar constantemente de
posição para escapar das próprias dores, caracterizava
assim um traço básico permanente da vida desse Estado. O grande equívoco moderno de acreditar que se pode
fazer uma constituição, que se pode renová-la mediante
o cômputo das forças e tendências existentes, ressurgia

sempre em Florença em tempos agitados — e mesmo Maquiavel não esteve a salvo dessa ideia.* Artífices do Estado se formam, pretendendo, por meio da transferência e distribuição artificiais do poder, de sistemas eleitorais altamente refinados, de pseudoautoridades e similares, fundar uma situação duradoura, querendo contentar — ou também iludir — em igual medida grandes e pequenos. Ao fazê-lo, tomam ingenuamente como exemplo a Antiguidade clássica, dela tomando emprestados também, e oficialmente, os nomes dos partidos, como, por exemplo, *ottimati, aristocrazia* etc. Foi apenas a partir daí que o mundo começou a se habituar a essas expressões, conferindo-lhes um sentido convencional, europeu, ao passo que, anteriormente, todos os nomes de partidos remetiam a sua própria área de atuação, caracterizando de forma imediata sua proposta ou originando-se dos caprichos do acaso. Em que grande medida, porém, o nome colore ou descolore o objeto que o carrega!

De todos os que julgaram poder construir um Estado, Maquiavel é, incomparavelmente, o maior. Ele toma as forças existentes sempre como vivas e ativas, apresenta as alternativas de forma correta e admirável e não procura iludir nem a si próprio nem aos outros: Não há nele qualquer traço de vaidade ou ostentação; tampouco escreve, afinal, para o público, mas apenas para autoridades, príncipes ou para amigos. O perigo em Maquiavel jamais reside numa falsa genialidade, e tampouco num desfiar equivocado de conceitos, mas numa poderosa

* No terceiro domingo do Advento, em 1494, pregando acerca do modo de produzir uma nova constituição, Savonarola propôs que cada uma das dezesseis companhias da cidade elaborasse um projeto. Os quatro melhores seriam, então, escolhidos pelos *gonfalonieri* e destes, finalmente, a *signoria* escolheria o melhor de todos! O que se deu, no entanto, foi algo bem distinto, e, aliás, por influência do próprio pregador.

imaginação que, claramente, lhe custa esforço domar. Sua
objetividade política é, por vezes, indubitavelmente terrível em sua franqueza, mas nascida em uma época de
necessidades e perigos os mais extremos, em que os homens já não podiam facilmente crer no direito nem ter
por pressuposto a justiça. Não nos impressiona grande-
mente a indignação virtuosa contra tal objetividade, não
a nós que, neste nosso século XIX, vimos por toda parte
o poder em ação. Maquiavel era, pelo menos, capaz de
esquecer de si próprio em meio às questões que tratava.
Acima de tudo, ele é um patriota, no sentido mais estri-
to da palavra, embora seus escritos (com poucas exce-
ções) sejam totalmente destituídos de qualquer entusiasmo imediato, e os próprios florentinos o vejam, afinal,
como um criminoso. Por mais que tenha se excedido
em seus costumes e palavras — conforme o hábito da
maioria —, era efetivamente o bem-estar do Estado que
lhe ocupava os pensamentos. Seu programa mais completo para a organização de um novo aparelho estatal
florentino encontra-se registrado no memorial a Leão X
[*Discorso sopra il reformar lo stato di Firenze*], escrito
após a morte do jovem Lourenço de Medici, duque de
Urbino (morto em 1519), a quem dedicara *O príncipe*.
A situação geral é já irreversível e totalmente dominada
pela corrupção, e os meios e caminhos sugeridos não
obedecem todos a preceitos morais; é, entretanto, altamente interessante observar como Maquiavel alimenta
a esperança de introduzir a república como a herdeira
dos Medici, e, aliás, sob a forma de uma democracia
moderada. Um conjunto mais engenhoso de concessões
ao papa, aos vários sequazes deste e aos diversos interesses florentinos não é possível conceber: acreditamos
estar vendo por dentro o mecanismo de um relógio.
Numerosos outros princípios, observações isoladas, pa-
ralelos, perspectivas políticas etc. relativos a Florença,
encontram-se nos *Discursos*, dentre os quais há visões

luminosas de rara beleza. Maquiavel reconhece, por exemplo, a lei de um desenvolvimento progressivo das repúblicas — um desenvolvimento que, aliás, se manifesta de forma intermitente — e exige que o aparelho estatal seja flexível e capaz de transformações, uma vez que só assim os súbitos derramamentos de sangue e os banimentos seriam evitados. Por um motivo semelhante — ou seja, a fim de barrar o caminho a atos individuais de violência e à intervenção estrangeira ("a morte de toda liberdade") —, deseja ver introduzida uma forma de acusação judicial (*accusa*) contra cidadãos detestados, contra os quais Florença, desde sempre, dispusera apenas da maledicência. Com maestria, caracteriza as decisões forçadas e tardias que, em épocas críticas, tão grande papel desempenham na vida das repúblicas. Em meio a tudo isso, a imaginação e a pressão dos tempos seduzem Maquiavel, em uma passagem, a fazer uma louvação incondicional do povo, que saberia escolher seus auxiliares melhor do que qualquer príncipe e, "aconselhado", deixar-se-ia demover de equívocos.* Quanto ao domínio sobre a Toscana, ele não punha em dúvida que este pertencia a sua cidade, considerando (em um *Discurso* especial) questão vital a reconquista de Pisa; lamenta que, após a rebelião de 1502, Arezzo não tivesse sido posta abaixo; chega mesmo a admitir, de um modo geral, que as repúblicas italianas deveriam poder expandir-se livremente em direção ao exterior, aumentando seus domínios, para que não fossem elas próprias atacadas e para disporem de tranquilidade interna; Florença, porém, segundo acredita, teria sempre agido às avessas, fazendo-se desde o início inimiga mortal de Pisa, Siena e Lucca, ao passo que Pistoia, "tratada fraternalmente", a ela se sujeitara voluntariamente.

* Ponto de vista que, sem dúvida, tendo aqui sua origem, reaparecerá em Montesquieu.

* * *

Seria impróprio pretender traçar até mesmo um paralelo
entre as poucas repúblicas restantes ainda existentes no
século xv e essa Florença única, que foi de longe o mais
importante laboratório do espírito italiano e até do moderno espírito europeu em geral. Siena sofreu dos mais
graves males organizacionais, e não nos devemos deixar
iludir por seu relativo desenvolvimento na indústria e
nas artes. De sua cidade natal, Eneias Sílvio dirige um
olhar verdadeiramente desejoso para as "felizes" cidades
imperiais alemãs, onde inexistem o confisco de propriedades e heranças, as autoridades violentas e as facções
a arruinar a existência.* Gênova pouco se enquadra no
panorama aqui contemplado, uma vez que mal teve participação no conjunto do Renascimento anteriormente
à época de Andrea Dória, razão pela qual o habitante da Riviera era tido na Itália como um desdenhador
de toda a alta cultura. As lutas partidárias exibem ali
um caráter tão selvagem, fazendo-se acompanhar de tão
violentas oscilações na vida da cidade, que mal se pode
compreender como é que os genoveses, tendo dado início a tudo isso e após tantas revoluções e ocupações, lograram sempre retornar a uma situação suportável — o
que talvez tenha sido possível pelo fato de todos aqueles
que estavam envolvidos com o aparelho estatal serem, ao
mesmo tempo e quase sem exceção, mercadores. Gênova
nos ensina, de modo surpreendente, que grau de insegu-

---

* De que maneira uma precária cultura e capacidade de abs-
tração modernas interfeririam por vezes na vida política, mos-
tram-no as lutas partidárias de 1535. Um certo número de
merceeiros, inflamados pela leitura de Tito Lívio e dos *Discursos* de Maquiavel clama, com toda a seriedade, por tribu-
nos do povo e outros magistrados da antiga Roma, para fazer
frente ao desgoverno dos nobres e dos funcionários.

rança o trabalho, de maneira geral, e a riqueza podem suportar e com que circunstâncias internas a possessão de colônias distantes é compatível.

Lucca não possui grande importância no século XV. Da primeira década desse século, quando a cidade vivia sob a semitirania da família Guinigi, preservou-se um parecer do historiador luquense Giovanni di Ser Cambio, parecer que, no tocante à situação das casas soberanas nas repúblicas, pode ser considerado um expressivo monumento. Nele, o autor fala do tamanho e distribuição das tropas de mercenários na cidade e região; da concessão dos cargos públicos a partidários escolhidos; do registro de todas as armas de propriedade privada e do desarmamento das pessoas suspeitas; da vigilância sobre os banidos, que, sob ameaça de confisco total, são induzidos a não deixar o lugar que lhes foi determinado para o exílio; da eliminação de rebeldes perigosos por meio de atos de violência praticados às ocultas; da intimação a mercadores e industriais emigrados para que retornem; da eliminação, tanto quanto possível, das assembleias mais amplas de cidadãos (*consiglio generale*), substituídas por uma comissão contendo de doze a dezoito membros e composta exclusivamente por partidários do soberano; da contenção de todas as despesas em função dos imprescindíveis mercenários, sem os quais se viveria exposto a perigos constantes e os quais precisam ser mantidos de bom humor ("i soldati si faccino amici, confidanti e savi" [façam-se os soldados amigos, confiantes e sábios]); e, finalmente, admite a presente situação de dificuldade, sobretudo a decadência da indústria da seda, mas também de todas as demais, bem como da vinicultura, sugerindo, como medida de emergência, um pesado tributo sobre vinhos estrangeiros e obrigatoriedade, a ser aplicada à zona rural (*contado*), de comprar tudo na cidade, à exceção de gêneros alimentícios. Tal parecer necessitaria também de um comentário mais aprofundado de nossa parte. Contudo, seja ele aqui apenas mencionado como uma das muitas provas de que, na Itália, uma reflexão política coerente desenvolvera-se muito antes do que no Norte.

A política externa dos Estados italianos

Assim como, em sua maioria, os Estados italianos constituíam obras de arte — ou seja, eram produto da reflexão, criações conscientes, embasadas em manifestos e bem calculados fundamentos —, também sua relação entre si e com o exterior tinha de ser uma obra de arte. O fato de repousarem quase todos sobre usurpações deveras recentes é-lhes, para as relações exteriores, tão fatal quanto para sua situação interna. Estado algum reconhece o outro sem reservas; o mesmo jogo de azar que presidiu a fundação e consolidação da própria dominação pode também presidir o relacionamento com o vizinho. Se vai ou não governar tranquilo é algo que absolutamente não depende do déspota. A necessidade de se expandir, ou mesmo de se mover, é própria de todos os governantes ilegítimos. Assim, a Itália torna-se a pátria de uma "política externa" que, paulatinamente e também em outros países, assumiu a posição de um reconhecido estado de direito. O tratamento puramente objetivo das questões internacionais, livre tanto de preconceitos quanto de escrúpulos morais, atinge por vezes uma perfeição que o faz parecer elegante e grandioso, embora em seu conjunto produza a impressão de um abismo sem fundo.

Juntos, intrigas, alianças, armamentos, subornos e traição generalizada compõem a história da política exterior italiana de então. Particularmente Veneza foi, durante muito tempo, alvo de acusações generalizadas, como se quisesse conquistar toda a Itália ou, pouco a pouco, rebaixá-la a tal ponto que seus Estados, impotentes, tives-

sem de cair-lhe nos braços, um após o outro. Observan-
do-se mais de perto esse quadro, porém, percebe-se que
tal grita não provém do povo, mas da vizinhança imediata de príncipes e governantes, quase todos fortemente detestados por seus súditos, enquanto Veneza, com seu
governo razoavelmente brando, goza de confiança geral.*
A própria Florença, com o ranger de dentes das cidades
a ela sujeitas, via-se numa posição mais do que desvanta-
josa com relação a Veneza, mesmo desconsiderando-se a
inveja pela posição comercial desta e seu avanço na Romanha. Por fim, a Liga de Cambrai logrou enfraquecer de
fato aquele Estado que toda a Itália, reunindo suas forças,
deveria ter amparado.

Todos os demais Estados proveem-se também mutua-
mente dos piores golpes, conforme lhes dita a má consciência, estando continuamente prontos a extremos.
Ludovico, o Mouro, os aragoneses de Nápoles, Sisto iv
— para não falar de forças menores — mantêm acesa
na Itália a mais perigosa inquietação. Tivesse esse terrível jogo ao menos se restringido unicamente à Itália!
Mas a própria natureza das coisas contribuiu para que
se procurasse por intervenção e auxílio no estrangeiro,
principalmente junto a franceses e turcos.

De início, as simpatias da própria população voltam-
-se quase totalmente para a França. Com uma ingenui-
dade de despertar pavor, Florença sempre confessara sua
simpatia guelfa pelos franceses. Quando, então, Carlos
viii efetivamente surgiu no Sul dos Alpes, toda a Itália

---

* Galeazzo Maria Sforza, é verdade, diz o contrário disso a
um agente veneziano em 1467, mas o faz por mera fanfarro-
nice. Havendo oportunidade, campos e cidades entregam-se
voluntariamente a Veneza, sobretudo as que logram escapar
de mãos tirânicas, ao passo que Florença tem de reprimir repúblicas vizinhas, acostumadas à liberdade, como nota Guicciardini (Ricordi, N. 29).

o acolheu com uma alegria que a ele próprio e aos seus pareceu bastante estranha.* Na imaginação dos italianos (veja-se Savonarola, por exemplo), permanecia viva a imagem ideal de um salvador, de um soberano grandioso, sábio e justo — só que não mais um imperador, como o desejava Dante, mas o rei capeto da França. Com a retirada deste, desfez-se completamente a ilusão, mas levou ainda muito tempo até que se compreendesse quão redondamente Carlos VIII, Luís XII e Francisco I haviam se equivocado quanto a sua verdadeira relação com a Itália e por que motivações secundárias se haviam deixado levar. Diferentemente do povo, os príncipes procuraram servir-se da França. Terminadas as guerras franco-inglesas, tendo já Luís XI lançado suas redes diplomáticas em todas as direções e estando Carlos de Borgonha a embalar-se com seus planos aventureiros, os gabinetes italianos mostraram-se inteiramente receptivos a seus propósitos, razão pela qual a intervenção francesa tinha necessariamente de acontecer, mais cedo ou mais tarde: ainda que inexistisse a pretensão sobre Nápoles e Milão, ela certamente ocorreria, da mesma forma como ocorrera havia tempos em Gênova e no Piemonte, por exemplo. Os venezianos já a esperavam em 1462. O medo mortal que sentia o duque Galeazzo Maria, de Milão, durante a guerra de Borgonha, temendo o assalto tanto de Luís XI quanto de Carlos, aliado que estava, aparentemente, a ambos, depreende-se visivelmente de sua correspondência.** A ideia de um equilíbrio entre os quatro principais Estados italianos, como o concebia Lourenço, o Magnífico, era, na verdade, apenas o postulado de um espírito lúcido, mas otimista, acima tanto de uma política

---

* Os franceses eram vistos *comme saints* (Comines, *Charles VIII*).
** Certa feita, Carlos já falara em dar Milão ao jovem Luís de Orléans.

experimental criminosa quanto das superstições guelfas dos florentinos, e que se esforçava por esperar o melhor. Quando Luís xi ofereceu-lhe tropas de auxílio na guerra contra Ferrante, de Nápoles, e Sisto iv, ele respondeu [Niccolò Valori, *Vita di Lorenzo*]: "Não me é ainda possível privilegiar o proveito próprio à custa do perigo para toda a Itália. Queira Deus que jamais ocorra aos reis franceses testar suas forças nesta terra! Se tal vier a acontecer, a Itália estará perdida". Para outros príncipes, ao contrário, o rei da França é, alternadamente, instrumento ou objeto de pavor: ameaçam com ele, tão logo se veem incapazes de encontrar saída confortável para um embaraço qualquer. Os papas acreditam piamente poder jogar com a França, sem com isso correr qualquer perigo, e até Inocêncio viii chegou a crer que podia retirar-se amuado para o Norte para, de lá, com o auxílio de um exército francês, retornar à Itália como conquistador.

Homens bem pensantes previram, portanto, a conquista estrangeira muito antes da campanha de Carlos viii. Foi apenas quando este encontrava-se já de volta ao outro lado dos Alpes que ficou claro a todos que uma era de intervenções começava. Desse momento em diante, os infortúnios se sucedem. Tarde demais, percebe-se que França e Espanha — os dois principais interventores — haviam se tornado, nesse meio-tempo, grandes e modernas potências, que não podem mais dar-se por satisfeitas com homenagens superficiais, mas têm de travar uma batalha de morte pela posse da Itália e por sua influência sobre ela. Ambas haviam começado a igualar-se aos Estados italianos centralizados e mesmo a imitá-los, mas em proporções colossais. Por certo tempo, planos de anexação e troca de territórios adquirem caráter obrigatório. É sabido, porém, que o resultado final foi a total preponderância da Espanha, que, como ponta de lança da Contrarreforma, sujeita também o papado a uma longa dependência. A melancólica reflexão dos filósofos da época consistiu, então, unicamente em demonstrar que todos aqueles que tinham invocado os bárbaros haviam tido um triste fim.

Abertamente e sem qualquer receio, estabelecem-se também no século xv relações com os turcos — o que parecia ser um instrumento de atuação política como outro qualquer. O conceito de uma "cristandade ocidental" solidária havia já, por diversas vezes no decorrer das Cruzadas, sofrido consideráveis abalos. Frederico ii já o havia possivelmente superado, mas o renovado avanço do Oriente, a miséria e a ruína do Império Grego renovaram também, em sua essência, aquele velho sentimento (ainda que não seu fervor). Nesse aspecto, a Itália constitui uma completa exceção: por maior que possa ter sido o medo diante dos turcos e o perigo real, não há praticamente governo algum de maior significação que não tenha alguma vez se aliado criminosamente a Maomé ii e seus sucessores contra outros Estados italianos. E mesmo aos que não o fizeram creditou-se, de qualquer forma, a possibilidade de que o tivessem feito — uma acusação não tão grave quanto, por exemplo, a imputada pelos venezianos ao herdeiro do trono de Afonso, de Nápoles, inculpado de ter enviado pessoas para envenenar as cisternas de Veneza. De um criminoso como Sigismondo Malatesta, não se esperava outra coisa a não ser que chamasse os turcos para a Itália. Mas também os aragoneses de Nápoles, dos quais um dia Maomé tomara Otranto — supõe-se que incitado por outros governos italianos —, posteriormente açularam o sultão Bajazé ii contra Veneza. Ludovico, o Mouro, deixou-se imputar culpa semelhante: "O sangue dos que tombaram e a desgraça dos prisioneiros nas mãos dos turcos clamam a Deus por vingança contra ele", diz o analista do Estado. Em Veneza, onde tudo se sabia, era também fato conhecido que Giovanni Sforza, príncipe de Pesaro e primo de Ludovico, dera abrigo aos enviados turcos a caminho de Milão. Dos papas do século xv, os dois mais respeitáveis, Nicolau v e Pio ii, morreram em meio à mais profunda apreensão quanto aos turcos — este último, inclusive, quando dos preparativos para uma cruzada que ele próprio pretendia liderar. Seus sucessores, em contrapartida, desviam o dinheiro coletado junto a toda a cristandade para o combate aos turcos, aviltando as indulgências nele fundadas mediante a especulação financeira em proveito próprio. Inocêncio VIII presta-se a servir de carcereiro ao príncipe Djem, fugitivo, em troca de uma soma anual a ser paga pelo irmão deste, Bajazé II, e Alexandre VI dá suporte às iniciativas de Ludovico, o Mouro, em Constantinopla, no sentido de incentivar um ataque turco a Veneza (1498), ao que esta cidade o ameaça com um concílio. Vê-se, pois, que a famigerada aliança de Francisco I com Solimão II não constituiu fato novo e inaudito no gênero.

De resto, havia ainda populações inteiras às quais a passagem para as mãos dos turcos não mais se afigurava particularmente terrível. Mesmo que elas disso se tenham valido apenas para ameaçar governos opressores, seria esse, de qualquer forma, um indício de que se haviam já, em larga medida, familiarizado com a ideia. Já por volta de 1480, Battista Mantovano dá claramente a entender que a maioria dos habitantes da costa adriática previa algo do gênero, e que Ancona, em particular, o desejava. Certa feita, sentindo-se a Romanha fortemente oprimida sob Leão X um deputado de Ravena, diante do cardeal legado, Giulio de Medici, disparou [Tommaso Gar, *Relazioni della corte di Roma*]: "*Monsignore*, a insigne República de Veneza não nos quer, por não desejar entrar em conflito com a Igreja. Mas, se os turcos vierem a Ragusa, a eles nos entregaremos".

Em vista da sujeição da Itália pelos espanhóis, então já em curso, constitui um triste mas absolutamente não infundado consolo que, a partir de então, o país se encontrasse protegido ao menos ante a possibilidade de ser barbarizado pela dominação turca. Em face da divisão interna no tocante a seu domínio, dificilmente teria a Itália, por si só, logrado preservar a si própria de tal destino.*

* * *

Se, depois de todo o exposto, cabe aqui dizer algo de bom acerca da arte italiana de conduzir o Estado, tal elogio só pode ser dirigido ao tratamento objetivo e desprovido de preconceitos dispensado àquelas questões ainda não turvadas pelo medo, paixão ou maldade. Não há na Itália um sistema feudal semelhante àquele que encontramos no Norte, com os direitos artificiais dele decorrentes, mas o poder que cada um possui, ele ao menos o possui (geralmente) de fato. Tampouco há ali uma nobreza a circundar o príncipe e a manter vivo em seu espírito um senso abstrato de honra, com todas as suas bizarras consequências; ao contrário, príncipes e conselheiros concordam em que devem agir conforme a situação e os objetivos a serem atingidos. Inexiste um orgulho de casta a excluir quem quer que fosse na escolha daqueles de quem se faz uso ou na dos aliados, viessem de onde viessem. Do poder real nos fala abundantemente, e com voz audível o bastante, a classe dos condottieri, no seio da qual a questão da origem é absolutamente indiferente. Por fim, os governos, liderados por déspotas cultos, conhecem o próprio território e os vizinhos com uma exatidão incomparavelmente maior do que seus contemporâneos do Norte conheciam os seus, e calculam até os mínimos detalhes a capacidade de ação de aliados e inimigos, tanto em seu aspecto econômico quanto moral. A despeito dos mais graves equívocos que cometeram, parecem estatísticos inatos.

---

* Não me convence a opinião de Michelet (*Réforme*, p. 467) de que os turcos ter-se-iam ocidentalizado na Itália.

Com tais governantes podia-se negociar, alimentar esperanças de convencê-los, isto é, determinar-lhes a atitude por meio de argumentos baseados em fatos. Tendo se tornado prisioneiro de Filippo Maria Visconti, o grande Afonso de Nápoles (1434) soube persuadi-lo de que a dominação da casa de Anjou, em vez da sua própria, sobre aquele reino faria dos franceses os senhores da Itália; Filippo Maria Visconti libertou-o sem exigir qualquer resgate e selou com ele uma aliança. Dificilmente um príncipe do Norte teria agido dessa forma, e, com certeza, nenhum dotado das demais características morais de Visconti. Uma sólida confiança no poder dos argumentos fundados em fatos demonstra também a famosa visita que Lourenço, o Magnífico — para a perplexidade geral dos florentinos —, fez, em Nápoles, ao infiel Ferrante, que certamente se sentiu tentado a retê-lo ali como prisioneiro e não era bondoso demais para deixar de fazê-lo. Aprisionar um príncipe poderoso e, depois, tendo dele arrancado algumas assinaturas e outras profundas humilhações, libertá-lo novamente com vida — como o fizera Carlos, o Temerário, com Luís XI em Péronne (1468) — parecia aos italianos uma insensatez, de modo que Lourenço nem sequer era aguardado de volta, ou o era coberto de glória. Dessa arte do convencimento político, empregada à época sobretudo pelos embaixadores venezianos, só se teve notícia ao norte dos Alpes pelos italianos, e não é lícito julgá-la a partir dos discursos oficiais, pois estes pertencem à retórica escolar humanística. Rudezas e ingenuidades tampouco faltaram às relações diplomáticas, em que pese o já bastante avançado desenvolvimento geral da etiqueta. Um espírito como Maquiavel, em suas *Legazioni*, afigura-se-nos, todavia, quase comovente. Instruído precariamente, miseravelmente equipado, tratado como um agente subalterno, ele jamais perde seu livre e elevado espírito de observação e seu gosto pelo relato vívido.

A Itália é, então, e permanece sendo sobretudo a terra das "instruções" e "relações" políticas. Decerto, a excelência na negociação esteve presente também em outros domínios; só ali, no entanto, encontramos desde muito cedo tão numerosos marcos. Já o longo despacho datado das últimas semanas de vida do amedrontado Ferrante de Nápoles (17 de janeiro de 1494) e endereçado pelas mãos de Pontano ao gabinete de Alexandre VI transmite-nos o mais elevado conceito desse gênero de documento estatal — e esse é apenas um exemplo casual de que dispomos, dentre um grande número de despachos de autoria de Pontano. Quantos, de semelhante significação e vivacidade, oriundos de outros gabinetes do já quase findo século XV e do princípio do século XVI — para não falar do seguinte —, não jazerão ainda ocultos!

Do estudo do homem, como povo e como indivíduo, que, entre os italianos, caminhou lado a lado com o estudo das condições gerais da vida humana, falar-se-á adiante, em um segmento especial.

A guerra como obra de arte

Um breve exame da maneira pela qual também a guerra assumiu o caráter de obra de arte será aqui esboçado em poucas palavras. Dentro dos limites do sistema de defesa e ataque então em vigor, a formação do guerreiro na Idade Média ocidental era bastante completa. Sempre presentes estiveram também, certamente, inventores geniais na arte da fortificação e do sítio. A estratégia e a tática, porém, tiveram seu desenvolvimento perturbado pelas muitas limitações impostas ao caráter e à duração do serviço militar e pela ambição da nobreza — que, por exemplo, diante do inimigo, disputava a primazia no combate e, já pela mera impetuosidade, punha a perder justamente as principais batalhas, como as de Crécy e

Maupertuis. Entre os italianos, pelo contrário, as tropas mercenárias, organizadas diferentemente, fizeram-se
predominantes antes do que em qualquer outra parte,
assim como também o desenvolvimento precoce de armas de fogo contribuiu para, de certa maneira, demo-
cratizar a guerra, não apenas porque as mais sólidas ci-
dadelas estremeciam ante as bombardas, mas também
porque a perícia do engenheiro, do fundidor de armas
e do artilheiro — adquirida por vias burguesas — assumiu o primeiro plano. Sentiu-se, então, não sem alguma
dor, que o valor do indivíduo — a alma dos pequenos e
excelentemente preparados exércitos italianos de mercenários — fora afetado por aquele instrumento de destruição à distância, tendo havido alguns condottieri isolados que protestaram veementemente ao menos contra
o arcabuz, então recém-inventado na Alemanha. Assim
foi que Paolo Vitelli mandou arrancar os olhos e decepar
as mãos dos *schioppettieri* [escopeteiros] inimigos capturados, mesmo reconhecendo como legítima a utilização de canhões, dos quais ele próprio se valia.* De um
modo geral, porém, admitiu-se o predomínio dessas in-
venções, explorando-lhes todas as possibilidades, de maneira que, tanto no tocante aos instrumentos de ataque
quanto à construção de fortificações, os italianos tornaram-se os mestres de toda a Europa. Príncipes como
Frederico de Urbino e Afonso de Ferrara muniram-se de
uma proficiência no assunto diante da qual até mesmo
os conhecimentos de um Maximiliano i parecerão apenas superficiais. À Itália coube a primazia sobre uma
ciência e uma arte da guerra como um todo, todo este
tratado coerentemente em suas partes. Ali, pela primeira
vez, encontramos um prazer neutro na condução correta

---

* Atitude que nos lembra Frederico de Urbino, que "se teria
envergonhado" de admitir em sua biblioteca um livro impres-
so (ver p. 194).

de uma guerra, como cabia à frequente troca de partido
e à maneira de agir puramente objetiva dos condottieri.
Durante a guerra milanesa-veneziana de 1451 e 1452,
entre Francesco Sforza e Giacomo Piccinino, o literato
Porcellio acompanhou o quartel-general deste último,
incumbido pelo rei Afonso, de Nápoles, de escrever um
relato da campanha. Escrito em um latim não muito
puro, mas corrente, e dentro do espírito bombástico do
humanismo de então, seu relato tem, no geral, César por
modelo e encontra-se entremeado de discursos, prodí-
gios e similares. Uma vez que já havia cem anos que se
discutia seriamente quem teria sido o maior, se Cipião, o
Africano, ou Aníbal, Piccinino e Sforza têm de resignar-
-se a serem chamados respectivamente Cipião e Aníbal
ao longo de toda a obra. Cumpria ainda fazer um relato
objetivo acerca do exército milanês; o sofista, então, fez-
-se apresentar a Sforza, foi conduzido pelas fileiras de
seu exército, teceu altos elogios a tudo que viu e prome-
teu transmiti-lo à posteridade. A literatura italiana da
época é, de uma forma geral, rica em relatos de guerra
e no registro de estratagemas, escritos para uso tanto
de observadores especializados quanto do conjunto do
mundo culto, ao passo que relatos redigidos concomi-
tantemente no Norte — como, por exemplo, o da guerra
de Borgonha, de Diebold Schilling — conservam ainda
a fidelidade amorfa e protocolar das crônicas. Maquiavel, o maior dos diletantes a, como tal, tratar desse assunto, escrevia então sua *Arte della guerra*. A formação
subjetiva, individual do guerreiro, porém, encontrou sua
mais completa expressão naqueles combates solenes, en-
volvendo um ou mais pares, prática que já se havia in-
corporado aos costumes muito antes do célebre combate
de Barletta (1503). Neles, o vitorioso tinha como certa
sua glorificação por parte dos poetas e humanistas, uma
glorificação que faltava ao guerreiro do Norte. No desfe-
cho de tais combates, não está mais presente o julgamen-

to divino, mas uma vitória do indivíduo, e — para os espectadores — a decisão de um empolgante desafio, bem como a satisfação pela honra do exército ou da nação.

É evidente que, sob determinadas circunstâncias, todo esse tratamento racional dispensado aos assuntos bélicos deu lugar aos mais terríveis horrores, prescindindo mesmo, para tanto, da colaboração do ódio político: bastava, por exemplo, que um saque fosse prometido às tropas. Após a devastação de Piacenza (1447), que se estendeu por quarenta dias e que Sforza tivera de permitir a seus soldados, a cidade permaneceu vazia por um longo período de tempo, precisando ser repovoada à força. Fatos desse tipo, contudo, pouco significam comparados à desgraça impingida posteriormente à Itália pelas tropas estrangeiras — sobretudo pelos espanhóis, nos quais talvez o elemento não ocidental presente em seu sangue, talvez a familiaridade com os espetáculos proporcionados pela Inquisição tenham desencadeado o lado mais diabólico da natureza humana. Àquele que vier a conhecê-los pelos horrores que perpetraram contra Prato, Roma etc. será difícil interessar-se mais tarde, num sentido mais elevado, por Fernando, o Católico, e Carlos V. Estes conheciam suas hordas e, no entanto, permitiram que agissem livremente. A carga de documentos oriundos de seus gabinetes que, pouco a pouco, vem à luz pode permanecer uma fonte de informações as mais importantes — mas ninguém mais procurará neles um pensamento político fecundo.

O papado e seus perigos

Na determinação do caráter dos Estados italianos em geral, ocupamo-nos, até o momento, apenas de forma passageira do papado e do Estado pontifício, enquanto criação inteiramente excepcional. Precisamente aquilo que torna interessantes os demais Estados italianos — a multiplicação e concentração conscientes dos instrumentos de poder —, verifica-se ali em menor grau do que em qualquer outra parte, na medida em que, no Estado pontifício, o poder espiritual auxilia incessantemente a ocultar e suprir o desenvolvimento deficiente do mundano. Que provas de fogo não suportou esse Estado assim constituído ao longo do século XIV e no princípio do século XV! Quando o papado foi conduzido ao cativeiro no Sul da França, de início, tudo saiu dos eixos. Avignon, porém, tinha dinheiro, tropas e um grande estadista e guerreiro — o espanhol Albornoz —, que, mais uma vez, subjugou completamente o Estado pontifício. Maior ainda se fez o perigo de sua dissolução definitiva quando a isso veio juntar-se o Cisma, quando nem o papa romano nem o de Avignon eram ricos o suficiente para subjugar o Estado recém-perdido. Tal se fez novamente possível, afinal, sob Martinho V, após o restabelecimento da unidade da Igreja, e, ainda uma vez, depois que o perigo se renovara sob Eugênio IV. Naquele momento, porém, o Estado pontifício era e prosseguiu sendo uma completa anomalia dentre os demais Estados italianos. Em e ao redor de Roma, as grandes famílias nobres dos Colonna, Savelli, Orsini, Anguillara e outras desafiavam o papado; na Úmbria, Marche e Romanha já quase não havia mais aquelas cidades-repúblicas cuja devoção o papado tão pouco soubera agradecer outrora; em seu lugar, havia uma porção de casas principescas, grandes e pequenas, cuja obediência e lealdade pouco significavam. Na qualidade de dinastias especiais, existentes por suas próprias forças, também elas possuem seu interesse particular — aspecto já abordado aqui, quando se tratou das mais importantes dentre elas.

Não obstante, devemos também ao Estado pontifício como um todo uma rápida análise. Novos e notáveis perigos e crises abatem-se sobre esse Estado a partir de meados do século xv, quando, sob diversos ângulos, o espírito da política italiana procura apoderar-se também dele, pretendendo fazê-lo trilhar o mesmo caminho dos demais. Desses perigos, os menores provêm do exterior ou do povo; os maiores têm sua fonte na própria índole dos papas.

Podemos nos permitir, a princípio, desconsiderar o exterior transalpino. Se uma ameaça mortal pesava sobre o papado na Itália, ela não contaria nem poderia contar com o menor auxílio da parte da França, sob Luís xi, da Inglaterra, no princípio da Guerra das Duas Rosas, da Espanha, então completamente destroçada, ou ainda da Alemanha, ludibriada no Concílio de Basileia. Na própria Itália havia um certo número de homens cultos — e, certamente, também de incultos — que encaravam com uma espécie de orgulho nacional o fato de o papado lhes pertencer; muitos tinham interesse especial em que assim fosse e permanecesse. Além disso, porção considerável acreditava ainda na força das consagrações e bênçãos papais; nessa porção estavam, entre outros, grandes criminosos como Vitellozzo Vitelli, que ainda rogava pelo perdão de Alexandre vi quando o filho do papa mandou estrangulá-lo.* Mas nem mesmo todos esses simpatizantes juntos teriam salvo o papado de inimigos verdadeiramente decididos, que tivessem sabido fazer uso do ódio e da inveja então existentes.

E, diante de tão mínimas perspectivas de ajuda exterior, os perigos maiores desenvolvem-se justamente no

---

* Mesmo assassinos profissionais não ousam atacar o papa. As grandes celebrações são tratadas como algo essencial pelo pomposo Paulo ii e por Sisto iv, que, sentado, celebrava a missa de Páscoa, apesar da gota. Notável é a maneira pela qual o povo diferencia o poder mágico da bênção da indignidade daquele que o abençoa. Quando, em 1481, no dia da Ascensão, Sisto não pôde dar a bênção, os fiéis resmungaram e praguejaram contra ele.

próprio seio do papado. Já na medida em que, essencialmente, ele agora vivia e agia dentro do espírito de um
principado italiano secular, tinha também de conhecer
os momentos mais sombrios deste; sua natureza singular, porém, contribuiu ainda para lançar sobre ele som-
bras muito particulares.

Inicialmente, no que se refere à cidade de Roma, o papado jamais alterou seu comportamento, como se pouco
temesse as efervescências dessa cidade, visto que tantos
papas, expulsos em função de tumultos populares, haviam regressado, e os romanos, em razão de seu interesse
próprio, haviam de desejar a presença da cúria. Roma,
porém, não apenas desenvolveu por vezes um radicalismo
específico antipapal, como também a atuação de mãos estrangeiras invisíveis revelou-se presente em meio às mais
graves conjuras. Assim foi por ocasião da conspiração de
Stefano Porcari contra o papa que proporcionou justamente as maiores vantagens a Roma, Nicolau v (1453).
Porcari visava à derrubada da soberania papal em si,
contando para isso com graúdos cúmplices que, embora
não nomeados, certamente figuram entre os governantes
italianos da época. Foi sob esse mesmo pontificado que
Lorenzo Valla concluiu sua célebre proclamação contra a
Doação de Constantino, expressando seu desejo de uma
breve secularização do Estado pontifício.

Também o bando de Catilinas contra o qual Pio ii (1459)
precisou lutar não dissimulava seu desígnio de derrubar
a soberania clerical como um todo, e seu principal líder,
Tiburzio, atribuiu a culpa a adivinhos, que lhe teriam prometido a realização de tal desejo precisamente para aquele
mesmo ano. Vários dos grandes de Roma, o príncipe de
Tarento e o condottiere Giacomo Piccinino estavam entre
seus cúmplices e apoiadores. Levando-se em consideração
os prêmios que os aguardavam nos palácios de ricos prelados (o bando de Tiburzio tinha em mente sobretudo o
cardeal de Aquileia), é, aliás, surpreendente que, numa ci-

dade onde a vigilância era quase nula, tais tentativas não fossem mais frequentes e bem-sucedidas. Não sem razão, Pio preferia residir em qualquer parte, menos em Roma, e mesmo Paulo II foi acometido de medo intenso (1468) ante uma conspiração de natureza semelhante, real ou pretensa. Ao papado, nada mais restava senão sucumbir a um ataque desse gênero ou, então, reprimir com violência as facções dos grandes de Roma, sob cuja proteção medravam aqueles bandos de malfeitores.

Tal tarefa impôs-se o terrível Sisto IV. Foi ele o primeiro a ter Roma e seus arredores quase inteiramente sob seu poder, sobretudo a partir da perseguição aos Colonna, razão pela qual lhe foi possível proceder com tão ousada audácia tanto nas questões relativas ao pontificado quanto naquelas pertinentes à política italiana, não dando ouvidos às queixas de todo o Ocidente, que o ameaçava com um concílio. Uma simonia subitamente crescente, tendendo à ausência de limites e à qual tudo se subordinava, desde a nomeação de cardeais até as mais insignificantes graças e concessões, proveu-o dos fundos necessários. O próprio Sisto obtivera a dignidade papal não sem o recurso ao suborno.

Tamanha e tão generalizada venalidade podia, um dia, atrair terríveis desventuras para o trono romano; estas, porém, encontravam-se ainda a distância incalculável do presente. Algo diferente se deu com o nepotismo, que, por um momento, ameaçou tirar o próprio pontificado dos trilhos. De todos os nepotes, o cardeal Pietro Riario foi aquele que, em princípio, desfrutou os maiores e quase exclusivos favores de Sisto. Em pouco tempo, o cardeal ocupou a fantasia de toda a Itália — em parte, devido ao gigantesco luxo em que vivia, em parte, graças aos ruidosos rumores referentes a sua impiedade e a seus planos políticos. O cardeal acertara com o duque Galeazzo Maria, de Milão, que este deveria se tornar o rei da Lombardia para, então, apoiá-lo — ou seja, ao nepote — com dinheiro e tropas, a fim de que este, quando de seu regresso a Roma, pudesse ascender ao trono papal; ao que parece, Sisto teria abdicado voluntariamente em seu favor.* Esse plano, que, tornando hereditário o trono, teria decerto conduzido à secularização do Estado pontifício, acabou por fracassar em razão da morte súbita de Pietro. Girolamo Riario, o segundo nepote, manteve-se laico, deixando intocado o pontificado. A partir dele, porém, os nepotes papais contribuem para intensificar a intranquilidade da Itália, graças a seus anseios por grandes principados. Na verdade, os papas já haviam anteriormente desejado fazer valer sua suserania sobre Nápoles em favor dos parentes, mas, desde o malogro de Calisto III, tal intento não era mais encarado como de fácil realização, e, tendo já fracassado o plano para a sujeição de Florença (e sabe-se lá quantos outros planos semelhantes), Girolamo Riario teve de se contentar com a fundação de um principado dentro dos limites do próprio Estado pontifício. Esse fato podia ser justificado em razão da ameaça por parte da Romanha, com seus príncipes e tiranos locais, de emancipar-se totalmente da suserania papal, ou de que ela em breve poderia se tornar presa dos Sforza e dos venezianos, caso Roma não interferisse. Mas, naqueles tempos e sob aquelas condições, quem podia garantir a obediência duradoura de tais nepotes, agora tornados soberanos, e seus descendentes a papas que já não mais lhes interessavam? Mesmo ainda em vida, o papa nem sempre estava seguro quanto a seus próprios filhos e sobrinhos e, além disso, havia a evidente tentação de desalojar o nepote de um predecessor para dar lugar a um próprio. As repercussões de toda essa situação sobre o

---

* Pietro já auxiliara na condução da eleição de Sisto. Notável é que, já em 1469, predissera-se para dali a três anos uma desgraça provinda de Savona (terra de Sisto, eleito em 1471). Segundo Maquiavel (*Histórias florentinas*, liv. VII), os venezianos teriam envenenado o cardeal. De fato, motivos para tanto não lhes faltavam.

próprio papado foram da mais grave natureza; sem qualquer receio, foram empregados todos os meios de coação, inclusive os religiosos, para o alcance do mais questionável dos objetivos, ao qual todos os outros desígnios do trono de Pedro tiveram de se subordinar, e, uma vez alcançado esse objetivo — à custa de violentos abalos e do ódio generalizado —, havia se criado uma dinastia que tinha o maior interesse na ruína do papado.

Após a morte de Sisto, Girolamo só conseguiu se manter no principado que obtivera fraudulentamente (Forlì e Ímola) à custa de um esforço extremo e da proteção da casa dos Sforza (à qual pertencia sua esposa). Por ocasião do conclave que se seguiu (1484) — no qual foi eleito Inocêncio VIII —, assistiu-se a um fenômeno que parece quase assemelhar-se a uma nova garantia externa ao papado: dois cardeais, príncipes de casas regentes — mais exatamente, Giovanni d'Aragona, filho do rei Ferrante, e Ascanio Sforza, irmão de Ludovico, o Mouro —, deixam-se comprar vergonhosamente em troca de dinheiro e honrarias.* Assim, pelo menos as casas regentes de Nápoles e Milão adquiriram interesse, graças à participação no saque, na continuidade do papado. Também por ocasião do conclave seguinte, no qual todos os cardeais se venderam, à exceção de cinco, Ascanio aceitou enormes subornos, preservando ainda a esperança de, na próxima vez, tornar-se ele próprio papa.

Lourenço, o Magnífico, por sua vez, não desejava que a casa dos Medici acabasse de mãos vazias. Em razão disso, casou sua filha Maddalena com o filho do novo papa, Franceschetto Cybò, esperando com isso obter não apenas todo o tipo de favor eclesiástico para seu próprio

---

* Um observador diz de ambos que "hanno in ogni elezione a mettere a sacco questa corte, e sono i maggior ribaldi del mondo" [a cada eleição saqueiam esta corte e são os maiores pilantras do mundo].

filho, o cardeal Giovanni (futuro Leão x), como também
uma rápida ascensão do genro. Mas, no que diz respeito a este último, Lourenço estava querendo o impossível. Com relação ao pontificado de Inocêncio viii, não
se pode falar de um nepotismo audacioso, fundador de
Estados, pois Franceschetto não passava de uma pobre
criatura, preocupada apenas — como seu pai, o papa —
com a fruição do poder em seu sentido mais ordinário: a
aquisição de uma grande fortuna.* Contudo, a maneira
pela qual pai e filho perseguiam tal intento teria, a longo
prazo, fatalmente de conduzir a uma catástrofe de grandes proporções: a dissolução do Estado.

Se Sisto conseguira dinheiro através da venda de toda
espécie de graças e dignidades eclesiásticas, Inocêncio
e seu filho, por sua vez, erigem um banco para a negociação de graças mundanas, junto ao qual, mediante o
pagamento de altas taxas, pode-se obter o perdão para
assassinatos e mortes; de cada penitência, 150 ducados
vão para o tesouro do papa, o excedente cabendo a Franceschetto. Pululam em Roma, nos últimos anos desse
pontificado, assassinos protegidos e não protegidos; novamente florescem ali, com toda a força, as facções cuja
sujeição havia marcado o início do pontificado de Sisto.
Ao papa, bem protegido no Vaticano, basta instalar aqui
e ali armadilhas para capturar criminosos em condições
de pagar pelo perdão; quanto a Franceschetto, ocupa-lhe
apenas uma questão central: morrendo o papa, como poderia ele safar-se com a maior soma em dinheiro possível?
Certa feita, por ocasião de um anúncio falso da morte do
papa (1490), ele se trai: quis levar consigo todo o dinheiro
disponível — o tesouro da Igreja — e, impedido pelos que

* E de feudos napolitanos, razão pela qual Inocêncio chamou novamente os Anjou contra o rei Ferrante, surdo a tais pretensões.
A conduta do papa nessa questão, sua participação no segundo
levante dos barões napolitanos, foi tão inábil quanto desonesta.

o cercavam, pelo menos o príncipe turco, Djem, capital vivo que podia ser negociado a alto preço com, por exemplo, Ferrante, de Nápoles. É difícil avaliar possibilidades políticas de tempos já tão remotos, mas uma questão imperiosa impõe-se: teria Roma suportado mais dois ou três pontificados desse gênero? Também no que diz respeito à Europa devota, era insensato deixar que as coisas fossem tão longe a ponto de não apenas os viajantes e peregrinos, mas também toda uma delegação do rei romano Maximiliano serem despidos até as camisas nas proximidades de Roma, e a ponto de muitos enviados a caminho da cidade regressarem sem tê-la adentrado.

Por certo, uma tal situação não se coadunava com o conceito de fruição do poder do extremamente talentoso Alexandre VI (1492-1503), cuja primeira medida foi restabelecer a segurança pública e o pagamento rigoroso de todos os salários.

A rigor, poder-se-ia omitir aqui — em se tratando de manifestações culturais italianas — esse pontificado, uma vez que os Borgia são tão pouco italianos quanto a casa de Nápoles. Alexandre conversa publicamente com César em espanhol, e Lucrécia, quando recebida em Ferrara, vestindo trajes espanhóis, é entretida por bufões também espanhóis; espanhola é a criadagem mais íntima da casa, tanto quanto os mal-afamadíssimos guerreiros de César Borgia na guerra de 1500 — e mesmo o carrasco a seu serviço, don Micheletto, bem como seu envenenador, Sebastian Pinzón, parecem ter sido espanhóis. Dentre todas as suas demais atividades, Borgia abate, certa feita, fazendo jus à arte espanhola, seis touros bravios em um pátio fechado. A corrupção, porém, cujo auge essa família representa, ele a encontra em Roma num estágio já bastante avançado.

O que foram e o que fizeram os Borgia foi já amiúde e profusamente descrito. Sua meta imediata — que também lograram atingir — era a total sujeição do Estado pontifício. Todos os pequenos soberanos — a maior parte composta de vassalos mais ou menos insubmissos da Igreja — foram expulsos ou aniquilados,* e, na própria Roma, as duas grandes facções foram esmagadas: os Orsini, pretensos guelfos, e os Colonna, pretensos gibelinos. Contudo, os meios empregados para tanto foram tão pavorosos que o papado teria fatalmente de sucumbir em consequência deles, não tivesse um episódio intermediário (o envenenamento simultâneo de pai e filho) alterado súbita e completamente o estado de coisas.

Alexandre, entretanto, não precisou dar grande atenção à indignação moral do Ocidente: arrancava pavor e reverência dos que o circundavam. Os príncipes estrangeiros deixaram-se conquistar por ele, e Luís xii chegou mesmo a empregar todas as suas forças para ajudá-lo. As populações europeias, por sua vez, nem sequer suspeitavam do que se passava na Itália central. Nesse sentido, o único momento de verdadeiro perigo — a presença de Carlos viii nas proximidades — foi inesperada e fortuitamente superado, e, mesmo então, não foi o papado enquanto tal que esteve em jogo, mas, no máximo, a substituição de Alexandre por um papa melhor.** O grande, duradouro e crescente perigo para o papado residia no próprio Alexandre e, sobretudo, em seu filho, César Borgia.

* À exceção dos Bentivoglio de Bolonha e da casa dos Este de Ferrara, esta última obrigada a aparentar-se à dos Borgia: Lucrécia Borgia casou-se com o príncipe Afonso.
** Segundo Corio, Carlos tinha em mente um concílio, a deposição do papa e mesmo levá-lo para a França, isso ao retornar de Nápoles. Segundo Benedictus (*Carolus VIII*, in Eccard, *Scriptores*, ii, col. 1584), Carlos teria, em Nápoles, quando papa e cardeais negavam-lhe o reconhecimento à nova coroa, cogitado de "de Italiae imperio de que pontificis statu mutando" [corrigir o domínio da Itália e o poder do papa], em seguida contentando-se com a humilhação pessoal de Alexandre. O papa, porém, escapou-lhe. Mesmo no caminho de volta, Carlos não desejou fazer-lhe mal algum.

No pai, a ambição pelo poder, a cobiça e a volúpia associavam-se a uma natureza forte e brilhante. Desde o princípio, ele se permitiu em larga medida tudo que dissesse respeito à fruição do poder e do bem viver. No tocante aos meios empregados para tanto, parece totalmente inescrupuloso; soube-se desde logo que não se limitaria apenas a ressarcir-se dos sacrifícios feitos para sua eleição, que a simonia da compra seria amplamente sobrepujada pela da venda.* Além disso, em função da vice-chancelaria e de outros cargos que ocupara anteriormente, Alexandre conhecia melhor as possíveis fontes de renda e tinha maior talento para lidar com elas do que qualquer outro membro da cúria. Já no decorrer do ano de 1494, sucedeu que um carmelita, Adamo de Gênova, que pregara em Roma contra a simonia, foi encontrado morto em sua cama, assassinado com vinte punhaladas. Alexandre não nomeou cardeal algum que não fosse mediante o pagamento de elevadas somas.

Quando, porém, com o passar do tempo, o papa sucumbiu à dominação de seu filho, o recurso à violência assumiu caráter absolutamente satânico, o que, necessariamente, repercute nos objetivos a serem atingidos. O que se verificou na luta contra os grandes de Roma e contra os príncipes da Romanha excedeu, no campo da deslealdade e da atrocidade, até mesmo aqueles parâmetros aos quais o mundo já se habituara por intermédio, por exemplo, dos aragoneses de Nápoles; também o talento para o engodo revelou-se maior. Inteiramente medonha é a maneira pela

---

* Em Malipiero (op. cit., p. 565) vê-se o grau de rapacidade que devia imperar nessa família. Na qualidade de legado papal, um nepote é recebido magnificamente em Veneza e faz fortuna com a distribuição de dispensas. Quando de sua partida, a criadagem rouba tudo que lhe esteve ao alcance das mãos, inclusive uma peça de brocado de ouro do altar principal de uma igreja de Murano.

qual César isola o pai, assassinando o irmão, o cunhado
e outros parentes e cortesãos tão logo as graças que estes
desfrutam junto ao papa e sua posição, de um modo geral,
se lhe afiguram incômodas. Constantemente tremendo ele
próprio diante de César, Alexandre teve de consentir no
assassinato de seu filho mais querido, o duque de Gândia.

Mas quais eram, afinal, os planos mais recônditos do
primeiro? Mesmo nos últimos meses de sua dominação,
tendo ele acabado de assassinar os condottieri em Sini-
gaglia e sendo, de fato, o senhor do Estado pontifício
(1503), as manifestações a esse respeito daqueles que lhe
eram próximos prosseguem sendo bastante modestas: o
duque desejaria apenas reprimir as facções e os tiranos,
tudo em benefício da Igreja; para si, reservaria no máximo a Romanha, e poderia estar certo do sentimento de
gratidão por parte de todos os papas futuros, por ter-
-lhes livrado o pescoço das garras dos Orsini e dos Colonna. Ninguém, entretanto, emprestará seu aval a tais
manifestações como sendo o desígnio último de César
Borgia. O próprio papa Alexandre, certa feita, revelou
mais a respeito, conversando com um enviado veneziano
e recomendando seu filho à proteção daquela república
[Tommaso Gar, *Relazione della corte di Roma*]: "Pretendo cuidar para que o papado venha a cair nas mãos
dele ou de vossa República", disse ele. E César, naturalmente, acrescentou: deveria tornar-se papa aquele que
Veneza desejasse, e, para esse fim, os cardeais venezianos precisariam apenas manter-se unidos. Se se referia
a si próprio, permanece em suspenso; em todo caso,
basta a declaração do pai para demonstrar o propósito
de César Borgia de ascender ao trono papal. Mais sobre
seus verdadeiros desígnios, descobrimos ainda, indireta-
mente, por meio de Lucrécia Borgia, na medida em que
certas passagens dos poemas de Ercole Strozza podem
ter dado eco a manifestações as quais, na condição de
duquesa de Ferrara, ela certamente se podia permitir.

Inicialmente, fala-se também ali da aspiração de César ao papado, não, porém, sem que ressoem aí certos tons a indicar que ele esperava dominar toda a Itália; e, ao final, sugere-se que seu maior desígnio estaria voltado precisamente para a soberania temporal, razão pela qual ele, outrora, teria deposto o barrete cardinalício. Na verdade, não pode haver qualquer dúvida de que, após a morte de Alexandre, eleito papa ou não, César tencionava conservar a qualquer preço o Estado pontifício e de que, depois de tudo que cometera, ter-lhe-ia sido impossível a longo prazo lograr fazê-lo na qualidade de papa. Ele, mais do que ninguém, teria secularizado o Estado pontifício, e teria precisado fazê-lo para seguir governando.* A não ser que estejamos redondamente enganados, essa é a razão fundamental da secreta simpatia que Maquiavel dispensa a esse grande criminoso: de César e de ninguém mais cabia-lhe esperar que "retirasse o ferro da ferida" — isto é, que aniquilasse o papado, a fonte de todas as intervenções e de toda a fragmentação da Itália. Ao que parece, os intrigantes que, acreditando adivinhar-lhe os desígnios, acenaram a César com o reinado da Toscana, foram por ele repelidos com desdém.**

No entanto, todas as conclusões lógicas derivadas das premissas de César Borgia são, talvez, fúteis, e não em razão de uma particular genialidade demoníaca — que ele abrigava tão pouco quanto, por exemplo, o du-

---

* Como se sabe, César era casado com uma princesa da casa de Albret, de quem teve uma filha. De algum modo, teria provavelmente tentado fundar uma dinastia. Não se tem conhecimento de esforços seus no sentido de retomar o barrete cardinalício, embora, segundo Maquiavel, ele contasse com a morte próxima do pai.
** Planos com relação a Siena e, eventualmente, a toda a Toscana, ele os tinha, mas estes não estavam ainda suficientemente maduros. Para tanto, fazia-se necessário o consentimento da França.

que de Friedland —, mas porque os meios que empregou não são, em linhas gerais, compatíveis com uma maneira consequente de agir. Talvez o excesso de perversidade tivesse aberto uma nova perspectiva de salvação para o papado, mesmo que o acaso não houvesse contribuído para tanto, pondo fim à dominação de César Borgia.

Ainda que se suponha que a aniquilação de todos os soberanos intermediários do Estado pontifício nada mais tenha rendido a César do que simpatias, ainda que se tomem as tropas — os melhores soldados e oficiais da Itália, tendo Leonardo da Vinci como engenheiro-mor — que, em 1503, acompanharam-no em sua sorte como prova de seus grandiosos desígnios, outros elementos há que pertencem ao terreno do irracional, fazendo com que um juízo qualquer de nossa parte a respeito de César Borgia resulte tão equivocado quanto o de seus contemporâneos. Elemento dessa espécie constitui particularmente a devastação e a péssima conduta com relação ao Estado recém-conquistado, que César, afinal, tenciona preservar para si e dominar. Ou, da mesma forma, a situação de Roma e da cúria nos últimos anos do pontificado. Quer tenham pai e filho esboçado uma lista formal de proscrições, quer tenham tomado separadamente as decisões relativas aos assassinatos, os Borgia dedicaram-se à aniquilação secreta de todos aqueles que, de uma forma ou de outra, barraram-lhes o caminho, ou daqueles cuja herança lhes pareceu desejável. Capitais e bens móveis constituíam a parte menos importante de sua motivação; muito mais rendoso para o papa era o fato de que as rendas vitalícias das dignidades clericais atingidas eram extintas, de modo que ele recolhia os proventos relativos a seus cargos, enquanto vagos, e, posteriormente, aqueles relativos à venda deles a novos titulares. No ano de 1500, o embaixador veneziano Paolo Capello informava [Tommaso Gar, op. cit.]: "Toda noite, quatro ou cinco pessoas assassinadas são encontradas em Roma — ou seja, bispos, prelados e outros —, de modo que todos na cidade tremem ante a possibilidade de serem assassinados pelo duque [César]". Ele próprio circula à noite pela cidade apavorada, acompanhado de sua guarda, e há motivos de sobra para crer que não o fazia simplesmente porque, como Tibério, não desejasse mostrar à luz do dia o semblante já monstruoso, mas para satisfazer seu insano desejo de matar, e satisfazê-lo, talvez, em pessoas totalmente desconhecidas. Já em 1499, o desespero daí resultante era tão grande e generalizado que o povo atacou e matou muitos membros da guarda papal.

Aqueles, porém, que os Borgia não logravam apanhar por meio da violência escancarada sucumbiam a seu veneno. Para os casos nos quais alguma discrição parecia necessária, fazia-se uso daquele pó, branco como a neve e agradável ao paladar, que não surtia efeito imediato, mas paulatino, e se deixava misturar imperceptivelmente a todo prato ou bebida. Já o príncipe Djem provara dele em uma bebida doce, antes que Alexandre o entregasse a Carlos VIII (1495) — e, ao final de sua carreira, pai e filho envenenaram-se com esse mesmo pó, ao desfrutarem casualmente um vinho preparado para um rico cardeal. Onofrio Panvinio, o redator oficial da história dos papas, menciona três cardeais que Alexandre mandou envenenar (Orsini, Ferrerio e Michiel), sugerindo ainda um quarto (Giovanni Borgia), cujo envenenamento é creditado a César; possivelmente, raros foram os prelados ricos mortos à época em Roma sobre cuja morte não tenha pesado suspeita desse gênero. O impiedoso veneno alcançou até mesmo tranquilos eruditos que se haviam retirado para alguma cidade de província.

Em torno do papa, uma atmosfera algo sinistra começou a se instalar; raios e borrascas, pondo abaixo muros e aposentos, já o haviam atormentado e assustado de forma notável no passado; quando, em 1500, tais fe-

nômenos se repetiram, viu-se neles uma *cosa diabolica*.
O rumor acerca desse estado de coisas parece ter, então,
por ocasião do frequentadíssimo* jubileu de 1500, se es-
palhado amplamente pela Europa; sem dúvida, a ignomi-
niosa e corrente exploração das indulgências cuidou do
resto, no sentido de dirigir todos os olhos para Roma.
Além dos peregrinos em regresso, penitentes singulares,
vestidos de branco, deixavam também a Itália em direção ao norte, dentre eles, disfarçados, fugitivos do Estado pontifício, que não terão guardado silêncio. Quem
pode, no entanto, calcular durante quanto tempo e em
que medida a indignação do Ocidente teria precisado
intensificar-se até que gerasse um perigo imediato para
Alexandre? "Ele teria acabado também com todos os
cardeais e prelados ricos ainda restantes para apossar-
-se de sua herança", afirma Panvinio em outra obra, "não
lhe tivesse sido a vida ceifada em meio a grandes projetos para o filho." Tê-lo-ia feito César, não jazesse ele
próprio também moribundo no momento em que morria
o pai? Que conclave não teria então tido lugar se ele,
armado de todos os seus meios, se tivesse deixado eleger
papa por um colégio de cardeais convenientemente reduzido pelo veneno, sobretudo em um momento no qual
não havia exército francês algum nas proximidades! A
fantasia se perde em um abismo, tão logo se põe a perse-
guir tais hipóteses.

Em vez disso, seguiu-se o conclave que elegeu Pio III e,
tendo este morrido pouco tempo depois, também aquele
no qual Júlio II foi eleito — ambos sob o signo de uma
reação generalizada.

Quaisquer que tenham sido os costumes e a moral
particular de Júlio II, ele é, em seus aspectos essenciais,
o salvador do papado. A observação do curso dos acontecimentos desde o pontificado de seu tio Sisto havia lhe

---

* E pesadamente explorado pelo papa.

proporcionado ampla visão dos verdadeiros fundamentos e condições da autoridade papal, visão esta a partir
da qual orientou seu próprio pontificado, dedicando-lhe
toda a energia e paixão de sua alma inabalável. Embora
não prescindindo de negociações duvidosas, mas decerto
da prática da simonia, Júlio II galgou sob aplausos gerais
os degraus até o trono de Pedro; a partir daí, cessava
totalmente ao menos o verdadeiro comércio de que eram
alvo as mais altas dignidades eclesiásticas. Júlio tinha
seus protegidos, dentre eles alguns bastante indignos,
mas, por uma felicidade particular, esteve isento do nepotismo. Seu irmão, Giovanni della Rovere, era o marido da herdeira de Urbino, irmã do último Montefeltro
— Guidobaldo —, desse casamento resultando um filho,
Francesco Maria della Rovere, nascido em 1491, que era
ao mesmo tempo herdeiro daquele ducado e nepote papal. Quanto a Júlio, o que quer que conquistasse, quer
por vias diplomáticas, quer em suas campanhas, subme-
tia-o com grande orgulho à Igreja, e não à própria casa.
O Estado pontifício, que encontrara totalmente desagre-
gado, legou-o a seu sucessor apaziguado e acrescido de
Parma e Piacenza. Não por sua causa Ferrara deixou,
também ela, de ser incorporada aos domínios da Igreja.
Os 700 mil ducados que tinha constantemente guarda-
dos em Castel Sant'Angelo deveriam ser entregues pelo
castelão ao futuro papa e a mais ninguém. Se proveito
tirou da herança dos cardeais, e mesmo de todos os demais eclesiásticos mortos em Roma — e o fez, aliás, de
maneira inescrupulosa —,* não envenenou nem matou
qualquer um deles. Que participasse ele próprio de suas
campanhas militares, era-lhe inevitável, e certamente
contribuiu apenas para beneficiá-lo em uma Itália na

---

* Daí a suntuosidade dos túmulos erigidos pelos prelados enquanto ainda em vida: privavam assim os papas ao menos de
uma parte do saque.

qual só se podia então ser bigorna ou martelo, quando mais valia a personalidade do que o mais incontestável dos direitos adquiridos. Se, a despeito de seu enfático "Fora com os bárbaros!", foi ele quem mais contribuiu para que os espanhóis verdadeiramente se firmassem na Itália, é possível que tal situação se afigurasse indiferente e até mesmo relativamente vantajosa para o papado. Não era, afinal, sobretudo da coroa espanhola que até então se podia esperar um contínuo respeito pela Igreja, ao passo que os príncipes italianos não alimentavam contra esta nada além de pensamentos criminosos? Fosse como fosse, o homem poderoso e original, incapaz de engolir qualquer rancor ou ocultar suas verdadeiras simpatias, causava, no conjunto, a impressão de um *pontefice terribile*, impressão esta altamente desejável para sua situação. Júlio II pôde até mesmo, com a consciência relativamente limpa, ousar convocar novamente um concílio para Roma, desafiando assim a grita por tal concílio da parte de toda a oposição europeia.

Um soberano desse feitio necessitava ainda de um grandioso símbolo exterior de seus desígnios, encontrando-o na reconstrução da catedral de São Pedro: o projeto desta, como o queria Bramante, é talvez a maior expressão jamais vista do poder uno. Também as demais artes mantêm vivas, no mais alto grau, a memória e a figura desse papa, não carecendo de importância o fato de que a própria poesia latina de então reserva para Júlio um ardor distinto daquele que dedicou a seus predecessores. A entrada em Bolonha, ao final do "Iter Julii Secundi", do cardeal Adriano da Corneto, exibe um tom magnífico particular, e Giovan Antonio Flaminio, em uma das mais belas elegias, roga ao caráter patriótico do papa proteção para a Itália.

Por intermédio de uma tonitruante bula de seu Concílio de Latrão, Júlio proibira a prática da simonia nas eleições papais. Após a sua morte (1513), os cardeais ávidos por dinheiro pretenderam contornar essa proibição, propondo um acordo geral segundo o qual as prebendas e cargos até então relativos ao pontífice a ser eleito deveriam ser equanimemente distribuídos entre eles próprios; teriam, assim, escolhido o cardeal de mais altos rendimentos (o absolutamente inepto Rafaele Riario). A reação, todavia, principalmente dos membros mais jovens do Sacro Colégio — os quais queriam, acima de tudo, um papa liberal —, acabou por frustrar esse deplorável pacto: o escolhido foi Giovanni de Medici, o famoso Leão x.

Nós o encontraremos ainda repetidas vezes, onde quer que venhamos a falar do esplendor do Renascimento; por enquanto, basta apontar para os grandes perigos, internos e externos, a que esteve novamente exposto o papado sob seu pontificado. Dentre tais perigos, não se deve contar a conspiração dos cardeais Petrucci, Sauli, Riario e Corneto, uma vez que esta poderia, no máximo, ter como consequência uma troca de pessoas; além disso, Leão x encontrou o antídoto perfeito para ela, sob a forma daquela inaudita criação de 31 novos cardeais — o que, ademais, teve efeito positivo, pois, em parte, premiava o verdadeiro mérito.*

Altamente perigosos, contudo, foram certos caminhos pelos quais Leão x se deixou levar nos dois primeiros anos de seu pontificado. Negociando seriamente, ele procurou assegurar para seu irmão Giuliano o reino de Nápoles e para seu sobrinho Lourenço um vasto império no Norte da Itália, que teria abrangido Milão, Toscana, Urbino e Ferrara. É evidente que, assim emoldurado, o Estado pontifício ter-se-ia transformado num apanágio dos Medici, tornando mesmo desnecessária sua secularização. O plano fracassou em razão das circunstâncias

---

* Além de, acredita-se, render-lhe 500 mil florins de ouro, 30 mil dos quais pagos somente pela Ordem dos Franciscanos, cujo superior foi feito cardeal.

políticas gerais. Giuliano morreu prematuramente. Em benefício de Lourenço, no entanto, Leão x lançou-se à empreitada de expulsar de Urbino o duque Francesco Maria della Rovere, por meio dessa guerra atraindo para si nada mais que pobreza e um ódio incomensurável; teve, afinal, quando da morte do próprio Lourenço, em 1519, de entregar à Igreja o que duramente conquistara. Fez, pois, pressionado e de forma inglória, aquilo que, feito voluntariamente, ter-lhe-ia conferido glória eterna. O que, a seguir, tentou ainda contra Afonso de Ferrara, e o que efetivamente logrou fazer contra um punhado de pequenos tiranos e condottieri, não foram em absoluto feitos do tipo que engrandece a reputação de um homem. E isso tudo numa época em que os reis do Ocidente habituavam-se, ano a ano, a um colossal jogo de cartas político cujo cacife e prêmio consistiam sempre neste ou naquele pedaço da Itália. Quem poderia garantir que, tendo seu poder no interior de seus próprios Estados crescido infinitamente nas últimas décadas, eles não estenderiam seus planos na direção do Estado pontifício? O próprio Leão x teve de assistir a um prelúdio daquilo que, em 1527, efetivamente aconteceria, quando, por volta do final de 1520, uns poucos bandos da infantaria espanhola surgiram — aparentemente por iniciativa própria — nas fronteiras do Estado pontifício com o simples objetivo de extorquir dinheiro do papa, sendo, porém, rechaçados pelas tropas deste. Também a opinião pública acerca da corrupção da hierarquia amadurecera mais rapidamente nos últimos tempos do que no passado, fazendo com que homens perspicazes como o jovem Pico della Mirandola, por exemplo, clamassem com urgência por reformas. Nesse meio-tempo, Lutero já entrara em cena.

Pequenas e acanhadas reformas para fazer frente ao grande movimento alemão vieram, já demasiado tarde, com Adriano vi (1521-3). Este pouco pôde fazer além de manifestar sua repulsa pelo curso dos acontecimentos: pela simonia, pelo nepotismo, pelo inescrupuloso preenchimento dos cargos, pela acumulação de riquezas, pela prodigalidade, pelo banditismo e pela imoralidade. O perigo representado pelo luteranismo nem sequer parecia ser o maior: um engenhoso observador veneziano, Girolamo Negro, expressa seus pressentimentos relativos a uma iminente e terrível desgraça a se abater sobre a própria Roma.*

Sob Clemente VII, todo o horizonte romano reveste-se de fumos semelhantes àquele véu amarelo-cinzento que sobre aquela cidade estende o siroco, por vezes arruinando o final do verão. O papa é detestado em casa e no estrangeiro; enquanto os bem pensantes veem-se às voltas com um persistente mal-estar, eremitas surgem nas ruas e praças a pregar, profetizando a ruína da Itália, do próprio mundo, e chamando ao papa Clemente o anticristo; a facção dos Colonna ergue a cabeça da forma mais insolente: o indômito cardeal Pompeo Colonna, cuja simples existência constituía já permanente flagelo para o papado, permite-se tomar Roma de assalto (1526) na esperança de, com a ajuda de Carlos V e sem maiores delongas, tornar-se papa, tão logo Clemente caia morto ou prisioneiro. Não para a sorte de Roma, o papa logrou refugiar-se em Castel Sant'Angelo; mas o destino para o qual ele seria poupado pode ser considerado pior do que a morte.

Por meio de uma série de falsidades daquele gênero permitido aos poderosos, mas ruinoso para os mais fracos, Clemente provocou o avanço do exército hispano-germâ-

---

* Expressa-os em uma carta datada de Roma, 17 de março de 1523 (*Lettere de' principi*, I): "Por diversas razões, este Estado encontra-se na corda bamba. Deus permita que não precisemos em breve fugir para Avignon ou para os confins do oceano. Vejo claramente a iminente queda dessa monarquia eclesiástica [...]. Se Deus não nos ajudar, será o nosso fim".

nico, sob Bourbon e Frundsberg (1527). É certo que o gabinete de Carlos v planejara para ele um grande castigo, sem,
contudo, lograr avaliar antecipadamente quão longe o fervor de suas hordas não pagas as levaria. Quase sem dinheiro, o recrutamento não teria obtido êxito na Alemanha,
se não se soubesse que o alvo seria Roma. É possível que
ainda se encontrem, em alguma parte, as eventuais ordens
escritas a Bourbon, e que seu conteúdo venha a revelar-se
moderado, mas a pesquisa histórica não se deixará iludir
por isso. O rei e imperador católico deveu unicamente à
sorte que seus homens não tenham assassinado papa e cardeais. Tivesse isso acontecido, sofística alguma no mundo
tê-lo-ia absolvido de sua parcela de culpa. O assassinato
de inumeráveis pessoas de menor graduação e a espoliação
das restantes, com o auxílio de tortura e tráfico de vidas
humanas, mostram com suficiente nitidez tudo aquilo que
foi possível aos participantes do Saque de Roma.

Mesmo depois de lhe ter extorquido enormes somas,
Carlos v, segundo consta, quis ainda mandar trazer para
Nápoles o papa, que, novamente, refugiara-se em Castel
Sant'Angelo. Que este, em vez disso, tenha fugido para
Orvieto, é algo que deve ter sido possível sem qualquer
conivência da parte dos espanhóis. Se, por um momento, Carlos pensou na secularização do Estado pontifício
(com o que contava o mundo todo), se realmente se deixou
demover de tal intento por influência de Henrique viii, da
Inglaterra — tais questões provavelmente permanecerão
para sempre na obscuridade.

Se, todavia, semelhantes propósitos existiram, decerto não perseveraram longamente. Da própria devastação
de Roma ergue-se o espírito de uma restauração tanto
da Igreja quanto do Estado. Sadoleto, por exemplo, pres-
sente-a de imediato e escreve:

Se nossa desolação satisfaz a cólera e o rigor divinos,
se essas terríveis penas nos abrem novamente o cami-

nho para melhores leis e costumes, então talvez não tenha sido tão grande nosso infortúnio... O que a Deus
pertence, Dele receberá cuidados; nós, de nossa parte,
temos pela frente uma vida de correção que o poder
das armas não nos pode arrancar; dirijamos, pois,
nossas ações e pensamentos no sentido de procurar em
Deus a verdadeira glória do sacerdócio, e também Nele
nossa verdadeira grandeza e poder.

De fato, tantos proveitos trouxe esse ano crítico de
1527 que novamente vozes sérias puderam se fazer ouvir. Roma sofrera demasiadamente para, mesmo sob um
Paulo III, poder algum dia voltar a tornar-se a cidade
alegre e fundamentalmente corrupta de Leão X.

Uma vez mergulhado profundamente na dor, o papado conheceu então alguma simpatia de natureza em
parte política, em parte religiosa. Os reis não podiam
tolerar que qualquer um dentre eles se arrogasse o papel
de carcereiro particular do papa, selando assim o Tratado de Amiens (18 de agosto de 1527) — entre outros
motivos, para libertar Clemente. Dessa maneira, pelo
menos exploravam em proveito próprio o ódio de que
eram depositários os feitos das tropas imperiais. Ao
mesmo tempo, porém, o imperador viu-se em consideráveis apuros na própria Espanha, na medida em que seus
prelados e grandes, quantas vezes com ele se avistassem,
dirigiam-lhe as mais enfáticas repreensões. Às vésperas
de receber numerosa delegação de clérigos e leigos, todos
vestindo luto, Carlos foi tomado pela preocupação de
que algo perigoso disso resultasse, à maneira do levante
reprimido poucos anos antes; a visita foi proibida. Não
apenas ter-lhe-ia sido absolutamente impossível prolon-
gar os maus-tratos ao papa, como o premia também a
mais urgente necessidade de, abstraindo de toda a política externa, reconciliar-se com um papado terrivel-
mente ofendido, uma vez que Carlos desejava tão pouco

apoiar-se na atmosfera reinante na Alemanha — que decerto ter-lhe-ia indicado caminho diverso — quanto na
situação alemã de um modo geral. É igualmente possível
que, como crê um veneziano, a lembrança da devastação
de Roma lhe tenha pesado na consciência, apressando
assim aquela expiação selada por meio da permanente
sujeição dos florentinos à casa dos Medici, à qual pertencia o papa. O nepote e novo duque Alexandre de Medici
será, então, feito esposo da filha natural do imperador.

A seguir, por intermédio da ideia de um concílio, Carlos mantém o papado essencialmente sob seu poder, lo-
grando, ao mesmo tempo, oprimi-lo e protegê-lo. Contudo, aquele grande perigo, a secularização, e sobretudo
aquela de dentro para fora, por meio dos próprios papas
e nepotes, fora afastado por séculos pela Reforma alemã.
Do mesmo modo como esta, sozinha, possibilitara a realização e o êxito da expedição contra Roma (1527), ela
obrigou também o papado a tornar-se novamente a expressão de um poder espiritual mundial, na medida em
que este teve de posicionar-se à testa de toda a oposição
à Reforma, de arrancar-se das "profundezas das questões
puramente materiais". O que então paulatinamente se de-
senvolve — ao final do pontificado de Clemente VII; depois, sob Paulo III, Paulo IV e seus sucessores, e em meio
à defecção de metade da Europa — é uma hierarquia inteiramente nova e regenerada, que evita todo e qualquer
grande e perigoso escândalo em seu seio, particularmente
o nepotismo fundador de Estados e, aliada aos príncipes
católicos, e movida por novo impulso espiritual, faz da
recuperação do que se perdera seu principal negócio. Ela
só existe e só pode ser compreendida em oposição àqueles
renegados. Nesse sentido, pode-se dizer a bem da verdade
que o papado, no aspecto moral, foi salvo por seus inimigos mortais. Também sua posição política consolidou-se
a partir de então até a intangibilidade, sem dúvida que
sob a permanente vigilância da Espanha; sem qualquer

esforço, ele herdou, com a extinção de seus vassalos (da linhagem legítima dos Este e da casa della Rovere), os ducados de Ferrara e Urbino. Sem a Reforma, pelo contrário — se é que se pode conceber sua não ocorrência —, a totalidade do Estado pontifício ter-se-ia provavelmente transferido para mãos mundanas.

A Itália dos patriotas

Para concluir, consideremos brevemente a repercussão dessas circunstâncias no espírito da nação como um todo.

É evidente que a insegurança política geral na Itália dos séculos XIV e XV tinha de suscitar indignação patriótica e o espírito de resistência nas almas mais nobres. Já Dante e Petrarca proclamam em altos brados uma Itália unida, para a qual se deveriam envidar os mais elevados esforços. Decerto, há aqueles que objetam ter sido esse apenas um entusiasmo restrito a espíritos isolados de grande erudição, do qual a massa da nação nem sequer tomou conhecimento. No entanto dificilmente terá se passado algo diverso na Alemanha de então, ainda que esta, ao menos a julgar pelo nome, tivesse uma unidade e um soberano reconhecido: o imperador. A primeira sonora exaltação literária da Alemanha (à exceção de alguns versos dos *Minnesänger*) cabe aos humanistas da época de Maximiliano I, e surge quase como um eco das declamações italianas. Não obstante, a Alemanha principiara a ser de fato um povo, e em uma medida totalmente diversa, mais cedo do que a Itália jamais o foi desde a época romana. Fundamentalmente, a França deve a consciência de sua unidade apenas às lutas contra os ingleses, e a Espanha não logrou sequer absorver por muito tempo seu parente muito próximo, Portugal. Para a Itália, a existência e as condições de vida do Estado pontifício constituíram, de forma geral, um obstáculo à

unidade de cuja remoção jamais se pôde ter esperança.
Se, não obstante, a pátria comum é vez por outra en-
faticamente cogitada no intercâmbio político do século
xv, isso se dá, na maioria das vezes, com o propósito
de ferir um outro Estado qualquer, igualmente italiano.
Os apelos realmente sérios, profundamente dolorosos ao
sentimento nacional só se deixam ouvir novamente no
século xvi, quando já era tarde demais, quando franceses e espanhóis haviam já invadido o país. Do patriotismo local, pode-se talvez dizer que representa aquele
sentimento, sem, contudo, substituí-lo.

Esta obra foi composta em Sabon por Alice Viggiani
e impressa em ofsete pela Geográfica
sobre papel Pólen Soft da Suzano Papel e Celulose
para a Editora Schwarcz em fevereiro de 2012